奢侈品思维
LUXURY THINKING

爱斯睿，艺术化的宇宙观

A.S.Ray Management & Consulting
Another Thinking Method, A Light of Artistic Universe

孙莹 著

Angeline Sun

上海三联书店

孙莹

Angeline Sun

爱斯睿营销管理咨询（A.S.Ray Management Consultancy .,Ltd）创始人兼首席执行官。专注深耕奢侈品行业（游艇帆船、公务机、超级跑车、珠宝腕表、高级家居）十余年，熟悉富裕阶层消费行业独有且高门槛的商业逻辑，并独家首创行业终极解决方案App——睿卿（A.S.Ray Intelligence，曾用名iWANNA）奢侈产业链商业智能 & 高净值人群消费智能助理，公司被提名香港最有价值公司2015—2017。

艺术创作爱好者，古典芭蕾与国标拉丁舞者，长笛演奏，前卫建筑与高级定制服装设计，诗歌、舞剧创作，文学、绘画、雕塑与歌剧发烧友。原创芭蕾舞四幕剧《蓝宝石与红宝石》并担任艺术总监。创立公司之前曾任职意大利时尚品牌FENDI，亚太地区经销推广美国冰箱SUB-ZERO和德国橱柜bulthaup等品牌。联系邮箱angeline@asraymc.com。

"我相信真爱与信仰是宇宙能量的源泉，我们不是努力勤奋，而是热爱。我热爱这个行业之前热爱各种艺术，而商业的方式可以将心中美轮美奂且永无止境的艺术境地带入现实，奢侈品营销因为它高度凝练的艺术性成为连接理想与现实的最佳桥梁。"

献 给

所有心中绘有幻美精神世界并渴望实现的朋友们

Angeline Sun

目录
contents

奢侈品思维：爱斯睿，艺术化的宇宙观

240　第三章　奢侈品策略的思维拓展

Tim Bai 白铭

意大利 · AZIMUT 阿兹慕游艇前大中华区 CEO

　　多数人对奢侈品的概念，简单来说，等同于昂贵和时尚。这部作品却对其进行了更深入的解读。Angeline Sun 通过多年自身学习实践和修养升华过程，从艺术、哲学、美学甚至宗教的不同角度，全面分享了对奢侈品的内在精髓及其文化的研究和理解。奢侈品牌营销的起点是识别品牌灵魂，而不是大众营销起点的"定位"，深厚的艺术综合修养成就 Angeline Sun 对于奢侈品牌营销的高起点。

　　本书文笔生动，角度新颖，视野广博。结合案例的同时，系统梳理了与大众品牌不同的奢侈品牌商业运作的各个方面及其全貌：全球消费者洞察、品牌资产的延伸与塑造、营销、渠道、定价、细分领域商业发展模型，等等。对于任何感兴趣奢侈品商业运作与产业发展趋势的读者来说，这是值得用心研读和领悟的有专业精神的必读之作。

Michael Peng 彭明山

英国·ASTON MARTIN　阿斯顿·马丁跑车中国区 CEO

　　Angeline Sun 通过多年行业实践累积，总结出了奢侈品行业的商业逻辑和运营策略，道出"艺术化的系统思维"的商业运作视角。结合案例，深入浅出地剖析奢侈品行业商业运作法则的各个方面：全球奢侈品客户消费规律，奢侈品牌资产的塑造与延伸，品牌资产的系统化建立，奢侈品牌精神世界与商业运作相融合的原理，区别于大众市场的市场营销与渠道策略，奢侈品牌商业发展模型，定价策略，甚至奢侈品牌之间的并购，等等。内容非常专业，堪称不可多得的专业教科书。

　　本书不仅可以用以揭示奢侈品行业的整体商业运作法则与产业发展趋势，对于其他市场品类的升级发展也具有借鉴意义。此外"艺术化的宇宙观"这一思维视角对人的生命观、价值观同样具有指导意义。

Cecilia Lui 吕以民

全球·PENINSULA 半岛酒店集团大中华区副总裁

过去二十多年来，对奢侈品的定义和管理实践在西方的学术世界中崭露头角并快速发展。不难发现身边的年轻朋友们毕业于欧美著名商学院的奢侈品管理，在事业发展的路上，大多顺遂稳健，也有不少人是一路高开；但愿意投入时间作深度思考、条理分析，并愿意分享自己独特见解，不畏惧大白于天下后各方可能的意见甚至是批评，坚持进一步提高对奢侈概念的认知的并不常见。活泼开朗的 Angeline 做到了。凭着她的热情、干练、执着，在她作品中展示了她的智慧和专业，难能可贵。

对于奢侈的定义，有过太多的阐述和讨论，但范围和结果大多是通过客观的追求来提升主观的感受。Angeline 敢于从哲学、美学、宗教的高度去讨论这话题，大胆创新；但另一方面，她并没有忽略商业实践操作的重要性。在定价、渠道、销售、盈利方面均有涉猎和总结，力证她对课题的多方位思考，让读者拓展思路的同时，也有现实可见的抓手。

国内的奢侈品市场是全球知名品牌逐鹿的中心。人才、营销模式、数字化转型优化都站在国际竞争的前沿。然而，从学术的角度，经过专业整理，辅以案例并以中文发表的教科书可谓凤毛麟角，Angeline 的作品填补了这块空白。

愿 Angeline 与同学及同业在探索奢侈品与生活多维度结合的道路上，携手共进。

THE PENINSULA
HOTELS

奢侈品思维：爱斯睿，艺术化的宇宙观

Thierry Mace 马铁君

法国·DASSAULT FALCON 达索猎鹰公务机中国区高级副总裁

与 Angeline 初识是在多年前的一届游艇展会上，后来在航空展览会再次见面。因为商务飞机也是一种奢侈品，所以后来与她有不少关于市场方面的沟通，发现她在这个领域非常资深。Angeline 对奢侈品商业管理的深刻理解，源于她多年来丰富的实践经验，也是基于她在艺术、科技、营销、商业管理等方面的多元认知。她有太多的奇思妙想和市场营销方面卓越的见解，实在令人刮目相看。

最让我感兴趣的是，在这本书中，Angeline 非常全面地阐述了对奢侈理念的另一种注解。奢侈并不简简单单表现在产品上，而是会给我们的精神世界带来更多。比如我们达索公务机，集商业功能与极致舒适为一体，在呈现顶尖科技、设计与制造的完美融合之余，更是向人们展现一种奢侈的内涵新理念：因节约时间而带来的超然的生活方式与态度，以及自由。这种精神世界的奢侈，超越了金钱、地位和感官享受。正是奢侈品牌的精神思想，让奢侈品变得奢侈，我深感认同。

Angeline 是一个追求顶尖卓越的完美主义者，不仅仅在工作中，当别人去学习芭蕾舞只为锻炼身体或者是一个爱好而已，她深刻到还创作了芭蕾舞剧。如果读者有机会认识她，发现她的企业涉及艺术、科技、奢侈品、市场营销等很多完全不相关的领域，并且都做得很成功，可千万不要太惊讶！

感谢 Angeline 带给广大读者这样一本关于奢侈品文化理念与全方位商业管理的书，她分享了热情，也分享了专业。

奢侈品营销，演绎一束凝聚宇宙能量的美轮美奂的光

商科所训练出的严谨逻辑性分析通常被认为是成就优秀营销与商业管理的思维方式，然而在奢侈品行业却大打折扣甚至行不通，拥有宇宙观的艺术鉴赏感受力与创造力才是核心所在。真正与奢侈品联系最密切的标签并不是通常所认为的时尚、高级、金钱，而是艺术与宗教。它们是创作者美学观念的最高级凝练形式的物质表达，其精神价值不随时间、空间变化，反而屹立成永恒与不朽，同时持续性地引领群体性的狂热与信仰，经久不息。我们相信哲学、物理、艺术与美学，以及宗教信仰对于奢侈品营销的影响力量，对这四者的深入研究将为奢侈品营销与商业管理注入鲜活的灵感启发。在我看来，艺术化是另一种思考方式，对各种美学与精神世界的不同理解，亦是对各种奢侈品牌灵魂的不同演绎。她的力量宛若无形，又穿透全宇宙。

为什么这样说？奢侈品之所以成为奢侈品，最核心的本质在于它的稀缺性。作为民主社会的身份象征，它拥有更独特的设计，更卓越的品质，更瑰丽的灵感，更精致的材质，更迷人的象征含义……而这一切的起源都是创始人或最初创作者心中最炙热的一团火燃烧出来的绝美世界，一个独一无二的高稀缺性的绝美世界。每个人心中都有一个小宇宙，心中全宇宙的能量结合他思想的美学认知构成了他眼中最美的景象，而这个景象就是他最想实现的美梦。对于奢侈品创始人，这个景象就是他最终的品牌，那

个凝聚他灵魂世界中认知的最高美学思想和哲学信仰的品牌，而品牌的产品即是这种美学与信仰的最美物化形式。这也是为什么每个奢侈品牌都有其自己的品牌个性，即创始人的灵魂世界认知的最美品质，无论这份美是优雅是毁灭还是特立独行，只有外行人才会将它们统称为"奢华"。

尼采说，那些听不到音乐的人以为跳舞的人都疯了；梵高也说过，每个人心里有一团火，路过的人只能看到烟。每个营销人都知道所有营销方案源于品牌自身的市场定位，而奢侈品没有定位，它不需要迎合满足消费者去"定位"，它有的是它的品牌个性，也就是尼采的音乐梵高的火，然后让同样听到音乐看到火的人们狂热地爱它、追随它、信仰它。写到这里你一定已经明白，奢侈品营销咨询的起源不再是"定位"，而是去认知这音乐这团火，即品牌灵魂，然后深刻挖掘使它变更大声更火旺，让更多的人像宗教信徒一样追随热爱。

那么我们怎样才能认知这音乐、这团火呢？这是创始人内心整个宇宙与灵魂世界中的最高美学认知，无与伦比的挚爱美梦，凝聚了整个宇宙能量的一束美轮美奂的光。首先，你和创始人是同一个精神世界的人，如若不是，那就要像艺术鉴赏家一样去理解鉴赏这独一无二的美丽，然后像创始人创造这个艺术形象一样地创造它的营销方案，一种能够让别人识别同时更加热爱的方案。这当然是一项艺术创作，逻辑思维分析与商业运作法则只是工具。那么具体怎么做呢？别着急，这本书将娓娓道来。

何为艺术化的
宇宙观？

　　奢侈品牌营销的起点，是品牌灵魂的塑造与呈现。如何理解奢侈品牌灵魂？灵魂个性又是如何表达与述说？本书结合音乐、绘画、诗词、建筑、美学、设计、舞蹈、文学、雕塑、戏剧、宗教、哲学、天文与量子物理，以多元视角，深入浅出地描绘奢侈品牌的内在灵魂，内（艺术性）外（商业性）结合，将高门槛的、神秘而永恒的奢侈品牌精神世界呈现在大众面前。

　　一个奢侈品牌的建立，刚性需要天才设计师及其独特深邃的美学哲学底蕴，高艺术性的感知力与高品质的手工艺。然而，一个奢侈品牌的长久发展，则更刚性需要系统化的商业运作，否则天才设计师建立的只能是个人工作室，而不是一个品牌帝国。

　　实际上，奢侈品牌的商业运作，如同宇宙一样地系统化运行。若把整个品牌资产的打造比喻成宇宙星系系统化运行的话，品牌灵魂即宇宙大爆炸的星系内核，能量则是艺术美学的综合底蕴。至于这个宇宙是如何形成的？通透的宇宙观与见微知著异曲同工，既可以从一个点看到整个宇宙，亦可以将整个宇宙凝练成一个点。连接的关键词是系统化思维。系统化运行的不仅仅是整合营销中所有营销项目之间的关联，也不仅仅是营销、渠道、零售与客户关系管理、数据分析之间的联系，不同轨道运行却相得益彰地整合运转的，还有集团策略、产品线策略、品牌策略与明星产品之间的关联。

本书中的宇宙观则比上述更为宏观一些，宇宙全息画面一般带你领略的，是奢侈品商业运作核心的全方位：全球富裕阶层消费者消费偏好洞察，奢侈品牌资产的塑造与延伸，与大众营销不同的反常态军规，整合品牌资产的系统化建立，奢侈品牌的美学精神世界与现实商业运作相融合的基础与如何相融的方法，奢侈品独有的市场营销方法，如行星间系统化相互运转的渠道策略及趋势，奢侈品行业不同细分品类的商业发展模型，奢侈品牌的定价策略，奢侈品公司如何发展运作，奢侈品牌之间的并购，如何以十维空间的视角再次确认品牌灵魂，以及如何可持续发展，等等。结合具体实操案例，生动呈现系统化的奢侈品牌商业运作的宇宙全息图。

奢侈品思维，在作者本人看来，是一种艺术化的宇宙观，是一种艺术化的系统化的思维视角与格局。这种思维意识，不仅仅局限于奢侈品牌的建立与奢侈品牌商业帝国的发展运作，也可以借鉴应用于其他方面。本书抛砖引玉，将这种奢侈品思维的应用从金字塔尖下沉，层层递进，依次举例应用于高端制造业、大众制造业、大众服务业，以及我们每一个人的人生选择。

如果说，高级（Premium）讲求高性能表现与投资回报率，奢侈（Luxury）则是在卓越性能基础之上，是稀缺珍贵且构筑美梦的独一无二，根本没有可比性，是无与伦比宛若无价之宝；比起时尚（Fashion）三年一个小回潮七年一个大回潮，奢侈（Luxury）则是经典而永恒的美感，美感的底蕴也更加深刻深厚。如果把时尚（Fashion）比作小资文艺，奢侈（Luxury）则是流芳百年的经典艺术。时尚（Fashion）与高级（Premium）的二合一，而且是升级版的二合一，才构成了奢侈（Luxury），即华丽的实力派。

真正的奢侈，是高稀缺高创造力触达永恒，是永恒的幸福愉悦，是穿越时空的卓越经典品质感、美感与深刻影响力。流云藏紫凝，碧空见蓝晴，蓝紫连相映，溢彩天虹铭。愿我们共同借鉴奢侈品思维，触达每个人心中理想巅峰之境的永恒。

第一章

奢侈的
边界理解

究竟何为奢侈？奢侈一词的本质即取众精华，去众糟粕，立于精神顶端并拥有充满心魂的幸福愉悦感，不随时间空间消亡，屹立达成永恒。那些最易混淆的几个概念：金钱、时尚、高级、艺术与宗教，和它分别又有什么联系？奢侈有等级之分吗？本章将为你详细区分。

奢侈与金钱

　　一眼看去，貌似奢侈（Luxury）和金钱（Money）的关系是如此明显根本无需讨论，甚至被普遍认为二者相等。然而事实上，金钱只是奢侈品在世俗层面的生猛力量表现，只有在结构不健全的社会，或者正在坠落的社会，金钱才成为奢侈品的定义形式。

　　华丽珍贵的奢侈品诞生于王权贵族，然而民主社会并非不再存在阶层，奢侈品则成为隐形阶层社会里的等级的区分标志，只不过这一跨度不再依靠家族背景而决定，足够的金钱就可以提升阶层位置。在这个意义上，奢侈品的本质即表达属于最高社会阶层的象征愿望。人们可以根据他们所喜欢的类别自由选择，任何象征社会阶层的物品都可以作为奢侈品。金钱，在这个意义上就像奢侈品（Luxury）的"外在面孔"，只是一种纯粹的社会惯例，一旦这种习俗惯例消失，金钱（在与奢侈品的关联上）便失去了价值。

　　然而，这只是奢侈品的社会世俗意义。它本身的价值意义远不仅限于社会阶层区分。奢侈品在另一个层面，即是对于个人而言的奢侈品，它是对每个个体来讲最珍惜的对象，无法言喻的瑰丽美感，在心中占据无与伦比的位置。这取决于每个人的美学认知，价值观与经历所形成的审美观感，例如高级定制的服装（Haute Couture）被归属于奢侈（Luxury）而不仅仅是高级时尚（High-Fashion），是时尚界（Fashion）与奢侈品领域（Luxury）交叉的部分。因为它极高的美学精神意义，已经超出了金钱买来的稀缺材料与精细做工。它是穿出来的"戏剧"，借鉴文学、绘画、雕塑的灵感表达，诉说着创作者的精神理想。

奢侈品重质不重量，钻石的数量多并不能说明戴这条项链的人拥有更高水准的审美品味。同时，奢侈品是具有多重美感的，令发烧友钟爱的不仅仅是保时捷（PORSCHE）的外形，还有它的引擎声音；不仅仅是那香水的味道，还有灵感来源，包括瓶形设计都是令人迷恋的。

奢侈品拥有饱含情感的灵魂，它带来的是其他物品无法替代的幸福愉悦感，有时也与珍贵的回忆有关：祖母的珍珠项链，或是初恋相送的第一件礼物，就像小王子最爱的玫瑰，真正令玫瑰独特的并不是玫瑰本身，而是小王子精细照顾与深情爱过让它变成了世界上唯一的玫瑰。想起 Terre D'Hermes 香水的灵感来源，调香师走在葡萄园，闻到雨水与泥土的气息，感受着从葡萄酿成酒的过程。当它作为爱的告白的礼物，穿越"和你从葡萄酿成酒"的岁月抵达永恒，那份感动与深情，让 Terre D'Hermes 成为彼此珍贵的奢侈纪念。

真正的奢侈品经得起时间沉淀，值得我们花时间去细细品味从葡萄酿成酒的美感。在四维空间中，时间是衡量一切的单位，而真正的奢侈品像真正的艺术一样，时间只会让它们火中淬金，绽放更恒久而壮美的光芒。时间会让它们升值。

这一切，全部都无法只是凭借金钱带来。没有艺术美学鉴赏能力的富豪可以去拍卖会拍得最昂贵的作品，却无法理解艺术家的思想境界与其灵魂共振，更不会感动得落泪。若无法理解所承载的美学价值与情感世界，奢侈品对于他来讲，的确只是金钱，但那是他自己无法理解的误区，而并非奢侈品的本质。法国雕塑家奥古斯丁·罗丹说，艺术即情感。冷漠的人又怎么能领悟？

奢侈品昂贵，因为集最高级最华美的精神境界与物质材料于这一方物件小小的体积之中，加之付出的时间，而时间又代表着更深远一层的精神投入。然而，昂贵并不决定它就是奢侈品，金钱于奢侈品只能说是一个必

2016 年香港保利春季拍卖，吴冠中《周庄》2.36 亿港元成交

要不充分条件。最简单示例，一辆车的价格高于一款奢华（Luxury）手包，然而这辆车可能连高级（Premium）都算不上。任何没有奢侈品内涵而仅仅想通过提升价格而"打造"奢侈品的生意，最终一定会面临财务的失败。因为，奢侈的反义词不是贫穷，而是粗俗。

语义学中"金钱"的抽象空洞与语义学中"奢侈"的富足是相反的。金钱无法带来"拥有感"，"拥有感"不是由金钱带来的，而是由人与物品的情感与精神世界的联结所产生，如同谚语"辛苦工作的最高奖赏不是得到了什么高级物质，而是变成了什么样的人与拥有了什么样的人生"。金钱（Money）填满了奢侈（Luxury）的发动机引擎却不是引擎本身，引擎是等级制度与社会分层，以及个人修养美学境界的高低。奢侈（Luxury）将金钱所产生的物质转变成了社会分层的文化产物，这是二者唯一的联系。

奢侈品思维：爱斯睿，艺术化的宇宙观

奢侈与时尚

Fashion 一词最初意指服装设计，而后延展至相关配饰领域，语义也开始泛指时尚与流行（Style 指风格，风格在不同时期都会流行，流行的却不一定形成风格）。服装设计、建筑设计、工业产品设计，等等一系列都是现代设计的一部分，而整个现代设计史都是工业革命以后的事情。正因为工业革命开辟了流水线为大众批量生产商品的时代，为方便工厂简化操作，所以物件无法像工业革命以前手工为王室打造的那样精致而富有美感。因此出现了各种设计运动与新思想，在实用性的基础上重塑艺术品位，美感惊艳到极致的商品就成了奢侈品，而奢侈品最初只属于王室所有。

直到 19 世纪初，时尚还属于奢侈品世界。只有那些受人追捧的人士才能负担得起这样的奢侈：不用等到把衣服穿坏就可以购置新衣，并非因为冷暖刚需，而是随时依据心情与偏好购买。在 20 世纪，时尚界开始寻找某种程度的自由，随后开始偏离奢侈品。而如今，其实奢侈和时尚之间的重叠在实际上已经极其微小。

如果说奢侈品在现代民主社会中的重要性来自它在社会分层中的作用，那么时尚的重要性则来自抵抗城市化对人类的负面影响——匿名性和非自然生活。一种最常见的集体反应，就是通过疯狂地使用时尚来找回失去的时间，甚至创造时间的幻觉。在城市社会，人们需要时尚来适应生活，因为时尚重新创造季节的节奏，更创造了表达自我个性的方式，从而可以摆脱城市化的统一与呆板，避免无名无声地被人群吞没。

然而，尽管奢侈（Luxury）与时尚（Fashion）都同样被需要以显示与众不同。然而它们在两个方面有关键的区别：与时间的关系（永恒与短暂），以及与自我的关系（奢侈是为了一个人，时尚不是）。

上述提到的时间，是奢侈（Luxury）和时尚（Fashion）的重要区别之一。时尚（Fashion）在乎当下的眼光，唯一不变的就是不断变化，永远追逐新鲜流行，然而却又是七年一个大回潮，三年一个小回潮。去年的衣服今年不再流行了怎么办？别着急扔，两年后的阶段性复古依然会再度流行。奢侈（Luxury）着眼的却不仅是转瞬即逝的现在，它更看重永恒与否。一件奢侈（Luxury）的物件，不仅仅符合当代的审美，放之于历史洪流之中，仍是经典不褪色，风格永存。

同时，尽管奢侈（Luxury）与时尚（Fashion）都同样构筑美梦，使商品富有美感并表达创作灵感，它们美学底蕴的深度以及思想的深度却是不同的。时尚（Fashion）可以是突发奇想的一时灵感；可以只有漂亮但内涵空洞；也可以造型奇怪惹人注目甚至不美丽，但是表达了当下的某

John Galliano 在 Maison Martin Margiela 时期的设计作品

John Galliano 在 Christian Dior 时期的金色埃及王朝服装设计与妆容

种意识与感觉；可以是很有趣的一种创新尝试，至于尝试的结果则不太重要；也可以是约定俗成的美的形式，即便在高级时装（High Fashion）或者高级定制（Haute Couture）设计师或者艺术家眼中，这种约定俗成的美丽已经变得庸俗与大众化，如同革命时期的统一工装；还可以是一种审美情趣的自娱自乐，小而美却悠然自得，自成风格，与他人无关。

时尚（Fashion）是所有人都可以理解的美丑，因为比起深度思考内涵意义，Fashion 更在乎外表看起来的样子，而外表是可以一眼看穿的事情，也因此更容易被大众或理解，或欣赏，或觉得美丽神秘，或觉得呆板枯燥无趣。但如果只是外表美丽，而内涵或多或少都无所谓，那么美学、哲学、文学素养自然没有必要达到一定境界。当然，修养越高越好，修养越高越靠近高级时装（High Fashion）甚至高级定制（Haute Couture）。

奢侈（Luxury）则深入很多，时尚（Fashion）的高天花板只是奢侈（Luxury）的起步门槛，因为它的基因属性即是文化内涵，而且精神思想要流传永恒，追求永恒的美感的同时，它的精神思想在每一个当下时代又是前卫的。这是一定需要修炼美学、文学、哲学素养的境界的。比如传统思想认为女性只有柔弱优雅才是美丽，内心不需要强大的力量，需要依附男性的保护；行动也不要快速，要长裙小步缓慢走路。加布里埃·香奈儿（Coco Chanel）在当时却设计了女性裤装与套装，代表着女性独立的自由精神。宝格丽（BVLGARI）的灵蛇、卡地亚（Cartier）的豹则象征着女性内心的强大力量，其设计初衷完全不是因为蛇与豹的图案好看，当然设计的功力让蛇与豹的图腾也兼具美感。温柔而强大，自由而独立，这种精神可以走向永恒。尽管时尚（Fashion）和奢侈（Luxury）都追求美，一个追求形式，一个追求意义。这也是真正的设计大师们为什么比起形式的美丽，更追求意义上的有趣与深远，并且可以从他人的着装判断对方的思想审美品位，甚至是性格价值观。

上述提到的高级定制（Haute Couture），对于时装行业（Fashion Industry）来说则是另外一件事，它属于奢侈（Luxury）而非时尚（Fashion）。它极高的美学精神意义，已经超出了金钱买来的稀缺材料与精细做工，超出了流行一时的时装（Fashion）范畴，也超出了一线品牌成衣的高品质设计风格的高级时装（High Fashion）范畴。它是穿出来的"戏剧"表现，借鉴文学、绘画、雕塑的美学底蕴与灵感表达，诉说着创作者的精神理想，也是整个时代美学风格的先锋引领者与风向标：以服装为载体的未来的"美"究竟定义如何，又将走向何方。它的审美取向引领高级时装（High Fashion）的设计风潮趋势，从廓形到面料，从纹样到色彩。这也是为什么高级定制（Haute Couture）的设计早于高级时装（High Fashion）的设计（如四大时装周）半年，高级时装（High

John Galliano 在 Christian Dior 时期以普契尼歌剧《蝴蝶夫人》为灵感设计的服装与妆容

John Galliano 在 Christian Dior 时期以普契尼歌剧《蝴蝶夫人》为灵感设计的服装与妆容

Fashion）的设计又早于正常当季时间半年。

　　同时，这也是为什么高级定制（Haute Couture）的秀场，通常不像高级时装（High Fashion）的秀场那样，仅仅只展现服装本身，而是充满戏剧效果甚至以装置艺术表演的形式来表达其设计思想与理念的原因。比如 John Galliano 高级定制设计里的戏剧廓形与鬼魅妖娆的妆容；比如 Alexander McQueen 的秀场曾经以模特的旋转彩喷表演以及冰与火的装置艺术来呈现；比如笔者大学时期服装设计作品，原创诗歌与装置艺术，并以自编自演芭蕾独舞的形式"走秀"，两套服装在一条斜线"走"位的 3 小节 15 圈芭蕾 pirouette 旋转中进行了转换展现。

　　高级定制（Haute Couture）的审美设计是前瞻的，它所承载的美学境界与艺术思想的表现力又是稀缺不朽的。这是时尚（Fashion）与奢侈（Luxury）唯一相重叠的部分。

奢侈与艺术

艺术就是默想。洞察自然而触达自然运行的精神，瞩视宇宙而在方寸之中创造出自己的天地，实在是心灵莫大的愉快。艺术是人类最崇高最卓越的使命，它磨练思想去了解宇宙，并使宇宙万物为众生所了解。艺术是一种审美趣味，经过艺术家之手的任何事物，都反映着他的心，连沙发椅子也可以浮现出摄人心魄的微笑，这是思想的美，是感情的美。

在艺术家的眼中，一切都是美的。他锐利的慧眼可以注视到一切众生万物的核心，透过外形触达内在的"真"，这"真"即是"美"。生命是永恒的喜悦与醉人的琼浆，并非他觉得世间一切都是善的，因为他自己与他所爱者所受的痛苦，经常会残酷地震撼这乐天主义与内心的善良，然而在柔肠百转撕裂心魂之外，更感到"彻悟"的苦中之乐。"真理"是美的，因此一切都是美的，因为他永远踏在光明的路上迎着"真"与"美"前进。

西方艺术有两个审美文化源头，一为古希腊诸神的"安宁幸福、明媚和谐、文明理性"，古希腊美学被称为"高贵的静穆"，再强烈的情感也只用肢体表达，而面部永远平静微笑，永远光明轻盈。二为基督教的"以身体的痛苦与牺牲来成就精神心灵的升华"，即那些严肃痛苦的形态与作品悲壮凄美的美感从何而来的原因。

然而无论哪种精神偏好，上佳之作皆会给人"空气在流动"之感。静而不躁，然而这"静"并非安静空气的凝固，也不是动作定格的僵直瞬间，实

　　　　　　　　　　　　奢侈品思维：爱斯睿，艺术化的宇宙观

1498，《哀悼基督》，米开朗基罗，罗马梵蒂冈圣彼得大教堂

为宁静中的动感。动感由视觉顺序，或心理活动顺序完成，动感表达着情感。

　　如卡米耶·克洛岱尔的《华尔兹》，肢体表达着温柔离不开的依恋，面部表情又有些不确定。这是卡米耶与罗丹相爱至深达到顶点的转折时期作品，估计也是卡米耶抱着罗丹说结婚之后的心神吧。作品被她表达得情真意切又惟妙惟肖：宁静中动感十足，无声空气中太多百感交集与紧张的不确定。想紧握又有距离，只得不停旋转，尽管内心担忧忐忑，也不愿放手，任"不安"甜蜜地忧伤下去，希望可以一直跳下去不分开，当然更希望可以曲终舞毕，相拥一起回家。

　　再比如奥古斯特·罗丹的雕塑《青铜时代》，罗丹抓住了造型模特放松

1899—1905，《华尔兹》，卡米耶·克洛岱尔，巴黎罗丹美术馆

1876—1877，《青铜时代》，奥古斯特·罗丹，法国卢森堡国立博物馆

休息的一瞬间以表达自然自由，模特的眼睛似乎带着蒙眬的睡意，身体却是伸展的，由此带来的是可以感觉到的一呼一吸之间的动态，整个雕塑也因此充满了青春活力。这种呼吸的动态释放与活力，寓意着人类刚从蒙昧野蛮的状态中挣脱苏醒，逐渐具有清醒的意识，即将进入文明智慧时期，而这份宁静中的动感也是这个雕塑成名之所在。

　　艺术创造出来的形，只是给予情绪一个引子，由此引子，情绪可以由觉醒而扩大延展无穷的变化。一切都是思想，一切都是象征。一幅美的风景，其动人之处并不只在它呈现的舒适的感觉，而尤其在它隐示的思想上。线条与色彩，其本身不足以感人，只是借以寄托真正想要表达的深远的意义，方能震撼我们的心魂。在树的侧影中，在林隙间露出的天空，风景画家如勒伊斯达尔（Jacob Van Ruysdael，荷兰），如克伊普（Albert Jacob Cuyp，

　　　　　　　　　　　　　　　　　　　奢侈品思维：爱斯睿，艺术化的宇宙观

荷兰），如柯罗（Corot，法国），如卢梭（Theodore Rousseau，法国），或窥到它微笑的心境，或严肃的情绪，或勇武或颓丧，或平静或悲戚的境界，以个人的精神状态而异。因为胸中洋溢着情操的艺术家，他的想象从不缺乏天机事物。艺术的杰作，它们的美都是源于艺术家在宇宙中探到的神秘及思

1505—1506，《草地上的圣母》，拉斐尔，奥地利维也纳艺术史博物馆

想之美，亦是艺术家自身心神的情感之美。

　　艺术表达思想情感之美，奢侈品亦是创作者美学观念的最高级凝练形式的物质表达。为什么这样说？奢侈品之所以成为奢侈品，最核心的本质在于它的稀缺性。作为社会的身份地位象征，它拥有更独特的设计，更卓越的品质，更瑰丽的灵感，更精致的材质，更迷人的象征含义……而这一切的起源都是创始人或最初创作者心中独一无二的高稀缺性的绝美世界。

1890，《玫瑰和绿色的舞者》，埃德加·德加，纽约大都会艺术博物馆

　　　　　　　　　　　　　　　　　　　　　　奢侈品思维：爱斯睿，艺术化的宇宙观

公元前 1 世纪,《拉奥孔》,阿基桑德罗斯,梵蒂冈美术馆

每个人心中都有一个小宇宙,心中全宇宙的能量结合他思想的美学认知构成了他眼中最美的景象,而这个景象就是他最想实现的美梦。对于奢侈品创始人,这个景象就是他最终的品牌,那个凝聚他灵魂世界中认知的最高美学思想和哲学信仰的品牌,而品牌的产品即是这种美学与信仰的最美物化形式。这也是为什么每个奢侈品牌都有其自己的品牌个性,即创始人的灵魂世界认知的最美品质,无论这份美是优雅是毁灭还是特立独行,亦类似不同艺术家不同风格,只有外行人才会将他们统称为"奢华"。

和艺术一样,奢侈品也沉浸在创造力的深层愉悦中。当然,它崇拜工匠和手工艺人以及他们独特的技艺,但奢侈品的魅力,以及它激发想象力

1889，《麦田里的丝柏树》，梵高，纽约大都会艺术博物馆

的能力，是基于创造力的。工匠是远远不足够的，奢侈品需要艺术家。因此设计师极其重要，他们的明星地位有助于品牌的神秘感和新的象征力量。

事实上，艺术（Art）和奢侈（Luxury）两者概念如此紧密相连以至于很难将其区分开。首先，它们同样重视美学并随时间提升价值；其次，实用性同样被视为第二考虑要素；第三，艺术与奢侈同样紧密连接创作者，如设计师珠宝，以及建筑大师设计的别墅与美术馆，既是艺术也是奢侈品。另外，它们均具有很高的主观精神层面的意义，无论是艺术品还是奢侈品，都很难调和所有人的审美眼光。当然，也不该调和大众对某一作品的统一看法，除非甘愿冒风险失去作品的神秘性美感，让喜欢的受众觉得它太过"大众俗气"而离开。

当然，二者还是有区别的。即便奢侈品的实用性比起它的象征意义几乎微不足道，它依然存在于真实的世界中，艺术的实用性则全然没有。另一个不可忽视的区别是，奢侈品的创始人终其一生以奢侈品贸易为生，而艺术家则在他的作品中寻求永生。最重要的一个冲突性的区别是，艺术最终可以覆盖所有人，而奢侈品是有选择性的，只与"同路人"相逢，否则将失去它的灵魂。于是，我们发现了奢侈与艺术的联结与互补之处：

◎ 奢侈品是推动艺术在经济世界里的驱动力
◎ 奢侈品是艺术家作品的物质呈现
◎ 艺术是奢侈品的美学品质
◎ 当代艺术帮助奢侈品牌与经典产品持续保持热门话题而受关注
◎ 当代艺术是奢侈品设计师的一种灵感来源

2006，《地中海的宁静》，罗尔纯，私人收藏

奢侈与宗教

"我以为宗教并不是一个教徒喃喃诵经的那回事。这是世间一切不可解而又不能解的一种情操。这是对于维持宇宙间自然的律令，及保存生物的种族形象的不可知的'力'的崇拜；这是对于自然中超乎我们的感觉、为我们的耳目所不能闻见的事物的大千世界的猜测，亦是我们的心魂与智慧对着无穷与永恒的憧憬，对着智与爱的想望。这一切也许都是幻想，但在此世间，它鼓动我们的思想，使思想宛如生了翅膀，可以飞天的境界。"

——《罗丹艺术论》"谈艺术的神秘性与宗教"

真正的艺术家其实是世间最有信仰的人。名副其实的艺术家应当把自然的真理全部表现出来，尤其是内在的真理。比如一个高明的雕塑家在雕塑一个人体的时候，他表现的不只是几块肌肉，而是弹拨筋肉的生命。不仅仅是生命，而是一种支配的"力"，这力把或是妩媚或是暴烈，或是爱的柔情或是力的紧张传达给肢体。风景画家走得更远，因为他们不仅是从活的生物体中，更是从树木天空中看到了宇宙之魂。常人看到的只是草木与泥土，在风景画家的眼里，则是伟大心灵的面容：柯罗看到了无穷的仁慈（《孟特芳丹的回忆》），米勒则发现了痛苦与忍耐（《拾穗者》）。艺术家到处听到自己的心灵与万物的心灵的对话，你还能从哪里找到比他更虔诚的人？

1864，《孟特芳丹的回忆》，柯罗，法国巴黎卢浮宫

1857，《拾穗者》，米勒，法国巴黎奥赛美术馆

《心醉神迷的圣特蕾莎》，又称《圣特蕾莎的狂喜》，贝尔尼尼，罗马维多利亚圣母堂

一切能运匠心于形式的天才艺术家，即在表现生动形象之外，又特别能表达内在精神的艺术家，均能给人以同样的宗教的激情，因为他把他自己在万劫不死的真理面前所感到的震颤传达给了我们。

　　在西方社会，宗教与艺术的关系出现了三个主要阶段。在古代社会（神权政治社会、贵族社会），宗教与超越有关，平民是不允许讨论的。宗教是对神的崇拜，艺术在那里给他们一个形象，一种超越的"感觉"。米开朗基罗的作品、巴赫的音乐、希腊神庙，无一不是描绘着神的崇高与无穷的力量。永恒或者过去的历史是参照，风格是不允许被改变的。这个阶段，奢侈品和艺术紧密相连，面对着相同的客户：王室贵族。

　　在 18 世纪末的欧洲，这些神权和贵族社会开始被无神论社会所取代，1789 年的法国大革命就是一个典范。"超越"不再是宗教信仰的动力，"无所不在"成为宗教信仰的规则。艺术成了新力量的仆人，建筑、绘画、雕像、电影等都是为了宣扬政治层面的新主义思想。过去的艺术作品也不再是未来的参照，风格变来变去，但依然追求永恒。在这第二阶段，奢侈品和艺术仍然紧密相连，奢侈品是留给精英的。

　　在 20 世纪中期，这些无神论社会开始瓦解，真正的民主社会开始出现。关注焦点不再是卓越的过去或无所不在的未来，只有瞬间才是重要的。社会是极端的个人主义、享乐主义和即时导向的社会。这完全改变了艺术的范式，随后所谓的当代艺术出现了：没有什么信息可以传达，只有情感和感觉。在这个阶段，艺术更接近于时尚而非奢侈，尽管奢侈品牌与当代艺术紧密相关，但我们谈论的是奢侈而非奢侈品。

　　再对比东方世界，宗教也经历了三个阶段，我们从石窟艺术中的雕塑壁画内容可以见得宗教的转变。北魏时期，宗教表达悲惨世界的渺小人类对神灵的崇拜与保佑，以及对一切的苦难将转为来世因果福报的渴望。石窟艺术的重点并非壁画而是雕塑，即佛身。热烈激昂而内容悲惨的壁画故事陪衬烘托出的，恰恰是异常宁静的主人，那个不朽的神灵主宰。北魏的雕塑，从云冈早期的威严庄重到龙门、敦煌，特别是麦积山成熟期的秀骨清像，长脸细颈，衣褶繁复而飘动，那种神采奕奕、飘逸自得，似乎去尽人间烟火的风度，形成了中国雕塑艺术的理想美的高峰。它是包含各种潜在的精神可能性的神，内容宽泛而不定。但它并不显示出仁爱慈祥与关怀的深情，它所表现的恰好是对世间一切的完全超脱与淡漠，以洞察一切的睿智的微笑，在那惊恐的四周壁画的悲惨世界中，它高冷而抽离地显示它的宁静与飘逸。这一时期，与西方的第一阶段一样，艺术表现的宗教，是对神的崇拜。

第二阶段，与长期分裂和连绵战祸的南北朝相对应的，是隋唐的统一和较长时间的平和稳定。到隋唐时期，宗教成为虚幻颂歌。佛像雕塑的婉雅俊逸明显消退，隋塑的短颈粗体，朴达拙重是过渡特征，到唐代，更是健康丰满的形态了。与那种超凡绝尘，充满不可言说的智慧和精神性不同，唐代雕塑代之以更多的人情味和亲切感。佛像变得更慈祥和蔼，关怀现世，似乎极愿意亲近世间帮助人们。他不再是超然自得高不可攀的思辨神灵，而是作为管辖世事，可向之请求的权威主宰。儒家思想渗透佛堂。壁画的内容也不再是悲惨恐怖的场景，取而代之的是各种"净土变"，即各种幻想出来的极乐世界，金楼玉宇、仙山琼阁、满堂丝竹、尽日笙箫、彩云缭绕、飞天散花，没有流血牺牲与荒野老虎，有的是华贵绚丽与热闹欢乐。如果说，北魏的壁画是用对悲惨现实与痛苦牺牲的描述，以神灵崇拜来求得心灵的喘息与精神安慰，那么隋唐则是以对欢乐和幸福的幻想，来取得心灵的满足与神的恩宠。

第三阶段，宗教走向世俗。中唐过后，壁画中那些身躯高大的菩萨行列消失，人物成为次要，着重描绘的是热闹繁复的场景，几乎占了整片墙壁。初盛唐圆润中带有遒劲的线条变得秀柔。在人物大小比例上，菩萨（神）变小了，供养人（人）的形象逐渐高大，甚至超过初唐时候的菩萨大小，如当时的上层贵族盛装华服，并按照现实的长幼尊卑顺序排列。如果说第二阶段是人间的神话，这一阶段描绘的已经是现实的人间，当然，是上流社会。壁画开始走向现实：欢歌在今日，人世即天堂。

奢侈、宗教和艺术一直有着深刻的联系。事实上，这三者都是旨在提升人们的追求，超越功能需求以获得无形价值，甚至一些卓越的无形价值。奢佟，就像艺术一样，是关于品位的教育。奢侈品是精英的品位，曾经是宗教的，后来是贵族的，如今是现世精英阶层的。这就是为什么有些奢侈品牌会受到一些人的崇拜，而另一些人则讨厌它们，这是统治阶层斗争精英文化主导权的标志。这三者都承诺永恒。时尚与这三者的区别在于，后三者的目的在于创造流芳百世的永恒的经典，而时尚在乎此时此刻的风潮。

令人惊奇的是，现代奢侈品到底是如何像宗教一样运作的？人们是如何开始并持续地狂热地追逐奢侈品的呢？很多年轻人对奢侈品崇拜的一个原因，即意识形态的终结，把追逐奢侈品当成了人生追求。

年轻人崇拜奢侈品牌，因为奢侈品牌是消费的最佳缩影。奢侈是美、品质、永恒、人性、爱、自尊、打动他人、自我宠爱、自我奖励、权力象征的浓缩版。青年时期是通过扩大个人财产来建立个人身份的时期。年轻人不在乎节省吃喝的花销，但会通过精心地混合搭配 ZARA 服饰、CHANEL 眼镜或 HERMÈS 丝巾来表明自己的身份。需要注意的是，在新兴国家的中产阶级及其现代青年群体中，他们寻找的不是"稀有"本身，而是获得"超预期梦想"的途径。天堂就是现在。年轻人还试图用他们自己的词汇、符号和行为来区分自己的一个年龄阶层。这也是为什么采用相同的品牌不是问题，它成为一种时代语言或标志。奢侈品创造了一种"我们"的感觉。

除了年轻人，那些拥有自身信仰的人们、理智的人们，又是如何变得如宗教信徒一样虔诚与狂热地追逐奢侈品的呢？

狂热的形成因素

我们称可以经历时间考验的美感为艺术，宗教则承诺死后永恒的愉悦感，奢侈则是描述拥有不随时间改变的美丽与品质保证的对象。对于奢侈品牌来说，通常它们最初规模很小，只有受到很少的一部分客户钟爱，从物品所承载的精神思想，到材质功能的品质保证，再到售后的尊贵感贴心服务，使得这一小部分客户不仅喜爱品牌产品更是忠诚跟随，产生复购并自发为其宣传，慢慢地，越来越多的人受到吸引，产生崇拜迷恋与信赖。另一方面品牌也希冀扩大受众范围，建立并扩大一个有梦想而真实的团体。在这个逻辑上，非常类似宗教发展信徒。当把一种商品提升到文化乃至习俗的高度，品牌收获的就是宗教信徒般狂热虔诚的顾客。那么宗教和奢侈品牌之间具体有哪些共同点呢？

◎ 它们都有一个创建者

◎ 创建时都有一个传奇故事

◎ 不断进行文化理念传播并保持神秘感

◎ 有一个神圣的地方开始一切

◎ 创建的同时也创建神秘而重要的象征意义

◎ 奢侈品牌有时尚偶像

◎ 奢侈品旗舰店被看作是城市中的"教堂"

◎ 它们都有定期沟通交流

◎ 它们都包含牺牲与"献祭"（逻辑上）

如此，奢侈品对它的受众来说，像宗教对其信徒一般产生狂热的吸引力，这股风潮我们称之为奢侈品狂热（Cult of Luxury）。这也解释了为什么最终和奢侈（Luxury）最接近类比的对象实则是艺术（Art）和宗教（Religion），而非时尚（Fashion）与金钱（Money）。那么高级（Premium）又当如何？下文将终结困惑，详述奢侈（Luxury）和高级（Premium）的关联与区别。

奢侈与高级

最让人困惑的莫过于高级（Premium）和奢侈（Luxury）之间的关系。我们不禁要深思一下这个困惑究竟又是从何而来的。行业内人士为什么从来不会像贝恩咨询报告里那样把"所有昂贵的非必需品"都统称为奢侈品呢？

其实，人们购买高级（Premium）甚至超高级（Super-Premium）的事物，例如跑车，花的每一分钱在享受上都拥有高投资回报率。高级（Premium）意味着花费更多，享受到更多，不管是性能上还是服务上。奢侈（Luxury）则另当别论，它标志着购买者已经超越了对满足基本需要的功能需求，以及其他物件可以带来的利益的热衷偏好。这也就是奢侈（Luxury）与超/高级（Super-/Premium）最核心的区别：更享受其纯粹的幸福愉悦感，更享受其本身的创造力，以及区分社会地位的乐趣。

同时很重要的一点是，奢侈品牌（Luxury）并不是高级品牌（Premium）凭借商品涨价就可以随之自然而然完成转变，它们其实分属两个世界，哪怕如微积分一样无限连点成线也不能实现自然上升转化。同样的，奢侈品牌（Luxury）也很难因为"下行策略"就退出奢侈（Luxury）的世界。

福特（Ford）集团的损失

20世纪80年代末至90年代初，福特汽车集团（Ford Motor Group）

决定进军 Luxury 战场，于 1989 年 11 月以 23 亿美元购买捷豹（JAGUAR），之后陆续兼并购买的还有阿斯顿·马丁（ASTON MARTIN）、沃尔沃（VOLVO）、路虎（LAND ROVER）。福特公司希望继续延用"福特方式"打造一个利润丰厚的 PAG（Premium Automotive Group）。然而大量投资之后，PAG 却依然全线飘红亏损。最终在 2007 年，福特决定放弃其 Luxury 战线，将阿斯顿·马丁（ASTON MARTIN）以近 10 亿美元卖出。而捷豹（JAGUAR）由于亏损严重，2008 年，福特将捷豹（JAGUAR）与路虎（LAND ROVER）一起以 23 亿美元价格卖给了 Tata，然而这两个品牌在当初购买时却花费了 46 亿美元。奢侈品牌（Luxury）有其自己的生意策略，以高级品牌（Premium）的经营策略只会使其损失惨重。

迈巴赫（MAYBACH）推出的缘由

2000 年之前，梅赛德斯（Mercedes）公司决定以下行策略扩大它的产量与市场规模，推出的 Smart 在当时却受到了财务上的打击，购买回来的克莱斯勒（CHRYSLER）更是面对着后续的财务损失。然而，比经济上的损失更严重的是，梅赛德斯（Mercedes）的形象从高端跌落，以至于不得不推出奢侈品牌迈巴赫（MAYBACH）以挽回豪华车形象。

福特进军奢侈品牌（Luxury）的上行策略以失败告终，因为它自身即为传统大众市场公司，大众市场策略无法带领奢侈品牌（Luxury）走向成功。梅赛德斯退出奢侈品牌（Luxury）的下行策略的失败，则是因为其在奢侈品牌（Luxury）战线上成功的方法无法直接转至大众市场甚至高级品牌（Premium）市场。这也再次证明了奢侈市场与其他传统市场经营策略的不同。

为什么高级（Premium）以及大众市场的高端（Upper range），容易与奢侈（Luxury）混淆造成困惑呢？在不理解奢侈品牌美学灵魂底蕴的纯商人老板眼中，产品的等级区别只有价格因素，如果价格类似，即可用类似的经营策略，或者认为只是细节升级的差异，而如果单纯只看价

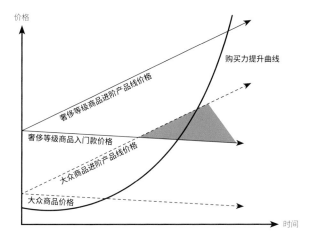

图1 资料来源：爱斯睿营销咨询公司。

格因素的话，高级（Premium）与奢侈（Luxury）确实有重叠之处。这当然是错误的！10万元的车和10万元的手包，怎么会是同一个等级的商品呢？而且，即便价格重叠甚至超越也只是短暂行为，长久来看，实则两个平行世界。（如图1所示）

真正的奢侈品如同艺术，奢侈品（Luxury）沉迷浸泡在幸福愉悦感（Hedonism）与创造力（Creativity）上面。诚然，它也尊崇手工艺人、工艺技巧及其独特的制作方法，然而，奢侈品最令人着迷的地方还在于它捕捉想象力的能力。只有工艺技巧是远远不够的，奢侈品需要艺术家而不仅是工匠高手，设计师的重要性也因此显现出来，他们赋予品牌瑰丽的传奇与象征意义的力量。突然想到毕加索的一句话：匠人们将太阳画作一块黄斑，而我则是借助他们的技巧将黄斑画成太阳。

如图2所示，完美解释了奢侈（Luxury）与高级（Premium）以及时尚（Fashion）的区别。高级（Premium）相比时尚（Fashion）是严肃而实际的，不仅仅是短暂的欢愉、一时的兴奋亮眼，它更讲求性价比与投资回报率，以及更高的技术含量，产品参数与性能是高价格的原因之一。奢侈（Luxury）则比它们二者还要更高一级：比起高级（Premium）的量产与性价比，奢侈（Luxury）在卓越性能基础之上，是稀缺珍贵且构筑美梦的独一无二，根本没有可比性，是无与伦比，宛若无价之宝；比

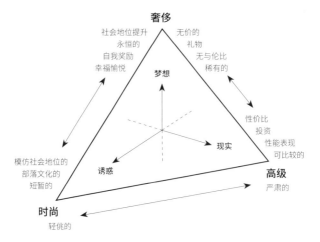

图 2　资料来源：图片翻译于巴黎高等商学院（HEC PARIS）。

起时尚（Fashion）三年一个小回潮、七年一个大回潮，奢侈（Luxury）是经典而永恒的美感，美感的底蕴也比时尚（Fashion）更深刻深厚。如果把时尚（Fashion）比作小资文艺，奢侈（Luxury）则是流芳百年的经典艺术。除了长久的幸福感，奢侈（Luxury）更是社会地位的象征。相比之下时尚（Fashion）就显得无足轻重了，只是年轻貌美，但转瞬即逝，而且容易被取代替换。换句话说，时尚（Fashion）与高级（Premium）的二合一，而且是升级版的二合一，才构成了奢侈（Luxury）。

雷克萨斯（LEXUS）、法拉利（Ferrari）与保时捷（PORSCHE）

由于国家地区的比较优势与经济差异，在印度与俄罗斯享有奢侈（Luxury）商品级别待遇的梅赛德斯（Mercedes）在美国却是高级（Premium）级别商品，因为它失去了梦想的力量，更多的是高端商务车的代表。丰田（Toyota）公司针对这部分梅赛德斯（Mercedes）顾客的需求，旗下的雷克萨斯（LEXUS）抢占了市场份额，取得了美国市场的商业成功。JD Power 基于消费者满意度，曾连续七年将雷克萨斯（LEXUS）评为同等级轿车品牌第一名，消费者满意度标准包括是否满足并超越他们的需求、品牌的员工是否亲

Ferrari 488 GTB

Ferrari F1 赛车现场

切友好值得信任、车型是否效能高且实用美观、车保质量，等等。

　　雷克萨斯（LEXUS）没有引发群众激情的 F1 大奖赛事件或者拥有传奇故事，而是基于客户满意度一点点占领市场份额，正如他们的 slogan（口号）：不间断追求完美。雷克萨斯（LEXUS）没有传承的品牌文化遗产，美国消费者则将"雷克萨斯（LEXUS）没有缺陷瑕疵"看作是其文化遗产代代传承。

雷克萨斯（LEXUS）口碑好、质量好、销售好、服务好，甚至在日本被看作是丰田汽车公司（Toyota）的象征，却唯独没有奢侈品的核心要素属性：声望（Prestige），贵族气质（Intangible），梦想（Dream）以及想象力（Imagination），它是工程师而不是创作者的作品。好口碑与好质量远远不足够建筑华丽的美梦。可见，略胜一筹是一回事，拥有个性灵魂则是另一回事。

对比雷克萨斯（LEXUS）追求客户满意度中的完美无瑕疵，法拉利（Ferrari）是完美的车吗？任何一个驾驶法拉利的人都知道它并不"完美"，但是它的所谓脆弱之处却是它魅力的一部分，比如这动力宛如机械猛兽的跑车并不容易驾驭。你需要学习如何驾驶，接受并欣赏它的奇妙之处，还有它热烈独特的品牌灵魂。

由此可见，高端（Upper range）、高级（Premium）与奢侈（Luxury）根本属于不同的国度，因为它们的衡量标准有本质不同。高端（Upper range）、高级（Premium）级别商品的优秀取决于它的多面功能性，后备箱空间，机动性与操控的灵敏度，以及舒适度，其标准全部来源于能否满足目标客户的需求。而奢侈（Luxury），由创造者定义它的标准。奢侈（Luxury）与客户关系完全与高端（Upper range）、高级（Premium）相反。奢侈（Luxury）商品的初心与目标，无论什么行业的奢侈（Luxury）商品，初心与目标从不来源于服从订单指令或者市场需求，而是灵感与创造的热情，是使市场与媒体都为之眼前一亮的惊艳创作。

在衡量消费者体验满意度的指标如 LCEI，雷克萨斯（LEXUS）表现优秀，宝马（BMW）也榜上有名。而在衡量奢侈品牌地位状态的指标如 LBSI，这个定义品牌声誉、贵族气质、梦想以及体现独特性的指标，却不见雷克萨斯（LEXUS）身影，而是保时捷（PORSCHE）主宰着冠军宝座。LBSI 衡量历经长远时间后的卓越质量与使用感受，专属稀缺以及独特性的程度，品牌提供并加强社会身份的程度与感受，以及使用者对于自己与众不同的感受。关于此，美国消费者又是如何评价保时捷（PORSCHE）的呢？

"它的设计具有艺术美感，风格与动力都很令人兴奋，并能激发想象力。它是非凡的创造，拥有华丽的造型与卓越的性能表现。它随时间保值，并且

PORSCHE 911 Turbo S Cabriolet

PORSCHE 911 Turbo S

保持着年轻的象征。它在其历史上始终处于同类产品的顶峰。它饱含神秘与独特的文化遗产以及赛车的热烈灵魂。它一直非常忠实于自己的价值观，随时间的推移一直保持着高度的一致性：标志性的911会迭代但是始终如一。"

　　保时捷（PORSCHE）最大化了三个杠杆使其成为一个强大的品牌：

　　◎ 它拥有全球公认的权力。驾驶保时捷，便是向所有非车主传达了明确的车主身份信息，这为车主增加了自身价值，并且实现了价值呈现。

◎ 它通过其长期的一致性、完整性和不断推动其成就的能力，激发了所有人的尊重，这是德国的美德和其独特风格的表达。价格是这一切的结果。

◎ 它的光辉事迹在情感上引起共鸣，无论是现在还是过去：神话般的赛车与车手，本身的魅力与名人效应。

高端（Upper range）是可衡量可比较的；高级（Premium）是因为卓越表现被理性选择的，是综合性价比更优的，是具有相对优势的；二者属性相同，程度不同。奢侈（Luxury）却是独特而无与伦比的，没有可比性，身处最优级别。奢侈（Luxury）在乎创造力，标志性产品，华丽美梦的描绘与实现，社会地位的区分与认可，经久流传的品牌历史与文化，把自己打造成一个独特而神秘的传奇；卓越的性能表现只是基础的基础，它意在经久流传的永恒，又前瞻地超越每个当下的时代。

这也解释了为什么大众市场高端线（Upper range）的最高商品价格，或者高级品牌（Premium）商品价格，总与奢侈品牌（Luxury）的入门产品价格几乎相同。爱因斯坦曾说："知识是有限的，想象力是无限的。"从某种意义上来说，大众市场高端线（Upper range）或者高级品牌（Premium）将产品性能、服务质量做到极致甚至是终点的时候，也许仅仅只是奢侈品牌级别（Luxury）商品的起点。

价格不定义奢侈品，但奢侈品都有自己的价格区间。抛开对个人情感层面的奢侈之意，若单纯以价格维度来说，国际品牌中真正可称之为奢侈品级别（Luxury）的品牌商品通常都在人民币 500 万元以上，常见行业类别例如游艇、公务机、千万级跑车。100 至 200 万元的跑车或属于超高级（Super Premium）的层级，或属于奢侈（Luxury）的入门级，与此并行的还有奢华家居等，价格区间为 100 至 500 万元。大众眼中的国际大牌服装配饰等，其实属于时尚（Fashion）与高级时装（High Fashion）层级。如图 3 所示，右侧紫色部分为高净值消费产品，场景金融的应用则使其受众扩展至中高产阶层人群，通过分期付款、消费贷、融资租赁、商品租赁，等等方式，使得更多人可以拥有或享用高净值消费的商品。

单品价格（人民币）

HNWI 高净值消费		
500 万元及以上	"Luxury"	游艇帆船、私人飞机、超级跑车等
100 万元及以上	"Super Premium"	奢华家居、豪华车、高级珠宝等

场景金融增加的消费受众

30 万元及以上	"Premium"	高级家居、高级定制时装等
10 万元及以上	"Hign Fashion"	国际一线品牌成衣、定制款皮包配饰
1 万元及以上	"Fashion"	国际一线品牌箱包、鞋履等

MIDDLE CLASS
中产阶级消费

图 3　资料来源：爱斯睿营销咨询公司。

　　既然是包含情感与精神力量，并且需要花费时间打造的艺术品，奢侈品（Luxury）自然不可量产。每一辆劳斯莱斯 - 幻影（ROLLS-ROYCE Phantom）需要 2 600 小时完成，是一辆福特车（Ford）的 10 倍时间。奢侈品（Luxury）在乎的是经久流传的经典永恒，即便内嵌高科技技术并需要再升级，这也是为什么奢侈品牌（Luxury）汽车的经典车型会经常重新研发再重新推出，比如法拉利 - 特斯塔罗萨（Ferrari Testarossa）。这也是为什么工业集团对具有神话潜力的品牌情有独钟的原因，这些品牌是在历史的滋养下诞生的，例如玛莎拉蒂（MASERATI）、阿斯顿·马丁（ASTON MARTIN）、布加迪（BUGATTI），等等。

　　超高级（Super Premium）以及高级（Premium）则模仿奢侈（Luxury）的性能与梦想，扩大着产量。如同在时装行业，高级定制（Haute Couture，也是 Fashion 与 Luxury 唯一重叠的部分）引领高级成衣（High Fashion）的一切设计趋势，高级成衣（High Fashion）又引领大众市场时装（Fashion）的一切趋势。奢侈品牌（Luxury）引领超高级品牌（Super Premium），传递至高级品牌（Premium），然后是大众市场高端线（Upper range），即从艺术品到工艺品的流向。

奢侈与美学

　　古典芭蕾追求登峰造极的完美主义，现代舞则表达觉醒自由潇洒的灵魂。纵使不同的美感，然而在任何舞剧的创编上，内在精神都是热烈的心表达对生命与真善美的热爱，以自由的肢体语言或者自由的飞翔状态来呈现。登峰造极追求完美只是为了表现更高度、更纯粹的飞翔。古典芭蕾的灵魂依然是热烈而自由的，只不过表达方式上需要高门槛的技巧。

　　于作品外在表现之深处的作者内心灵魂来说，诗意的肖邦其实很激情，明亮的莫扎特其实很摇滚。摇滚不仅仅是重金属电音，也不仅仅是嘶吼的表现形式，更多的是一种自由解放的精神。不论是歌剧史上由莫扎特开始的，从注重名伶声乐的意大利风格，转变到注重管弦乐队的德国歌剧风格，从英雄伟人神话的悲壮题材，转变到小人物题材的喜歌剧，还是反抗王朝等级制度，追求平等自由的精神境界，莫扎特的内心无疑都是摇滚的。也正因为他对生命与艺术的纯真热爱，对自由平等境界的追求，无论命运多么折磨他，痛苦也从未体现在他的作曲中，他的音乐总是明亮纯净，美好平静得不见一丝忧伤。莫扎特的音乐美学无疑是古典的，和谐理性又不失思辨性的，美妙的，他自身的精神却是现代的，澎湃自由潇洒而有创意的，在我看来，这是他更深层次的美。

　　法国的设计业虽然只体现传统的优雅趣味，比不上意大利文艺复兴式的经典美感，也比不上英国设计的先锋戏剧化，但它的文学艺术作品底蕴无疑总是深刻的，表达方式却又是娓娓道来的。法国的爱情观认为，真正的爱一定会产生"死亡"，无论是人死了还是心死了，或者二者其一死过而后复生，所以法语中的L'amour（爱）和L'mort（死亡）无论发音还是书写都如此接近。"浪漫"也不是"花前月下"，法语中表达花前月下的词是"殷勤"。浪漫则是，比如法国音乐剧里表现死神，死神的形象并不是穿黑斗篷、手握十字架的中年男子，而是画着冷艳的妆容，穿着白纱裙婀娜多姿的女子，女子亲吻了罗密欧，罗密欧就立即死去了。"死神亲吻他的脸"比起"死神来召唤带走"，或者比起演员肢体动作表达自行痛苦至死，无疑是浪漫的。

任何一个奢侈品牌的崛起甚至国际化，最初都起源于一个天才设计师，而这个天才设计师的美学思想，就是这个品牌的品牌灵魂，这也是日后一切运作的核心与基础。他越是底蕴深厚，品牌越是经典；他越是特立独行，品牌越是拥有独立精神的冷艳；他越是热情又矛盾，品牌越是华丽野性；他越是恬淡自然，品牌也越是田园风情。真正能让奢侈品牌流传不朽的，正是创始人独特而底蕴深厚的美学品位。只凭商业逻辑与金钱而没有一丝艺术修养和美学品位，想打造一个奢侈（Luxury）品牌，从一开始就是绝无可能的。也许可以打造高级（Premium）品牌或者时尚（Fashion）品牌。时尚（Fashion）可以没有风格只是不断流行，比如ZARA的设计其实为高级成衣（High Fashion）的流行元素的排列组合。但是，如果缺乏艺术修养和美学品位，仅凭商业逻辑打造高级成衣（High Fashion）品牌与奢侈（Luxury）品牌的生意则是行不通的。因为高级成衣（High Fashion）品牌与奢侈（Luxury）品牌需要品牌灵魂，而品牌灵魂就是创始设计者的美学思想与哲学认知。

西方历史上，不同时期人们对美的认知与追求不同。无论美术、文学，还是音乐、建筑，无一不经历从古希腊时期静穆的高贵开始，一路途经黑暗中世纪的哥特文化与对光的追求，文艺复兴时期明亮苏醒后绽放的灿烂光芒，巴洛克的恢弘华丽，洛可可的温婉细腻，新古典主义的经典回归，浪漫主义的自然诗意，现实主义的真实深刻，再到印象派的温柔，表现派与野兽派的热烈张扬，以及超现实主义的科幻抽象。

以巴洛克为例，这是自 17 世纪起直至 18 世纪上半叶流行于欧洲的主要艺术风格。这个时期的艺术具有一种共同的美学特征，即着重表现激情的状态，并为加强这种表现的力度而有意识地突破固有的平衡与协调，是对文艺复兴时期风格的突破。文艺复兴艺术是平衡的、严谨的、富有理性与逻辑性的、和谐稳重的古典风范。巴洛克风格则是富丽堂皇、绚丽多彩、气势宏大、富有动感的，标新立异的、强调对比与结构创新的、追求一种震撼人心的效果，对艺术作品的情感作用给予了高度重视。

在音乐中，巴洛克风格追求情感表达的戏剧性与精确度。17 世纪的意大利作曲家蒙特威尔第（Claudio Monteverdi, 1567—1643）的音乐理论与实践带有典型的巴洛克情感论的音乐美学特征。在歌剧创作中，蒙特威尔第创造性地发展了文艺复兴以来众多音乐家孜孜以求的音乐表情手法，他不再拘泥于逐字逐句地表现歌词的抑扬顿挫，而是努力用音乐表现人的内心活动，突出感情色彩的渲染。他表明自己的审美理想就是用音乐构造一个"激情的相似物"（1638 年发表的《牧歌》（第八卷））。为此，他创造了很多表现手法，如乐队的震音（Tremolo）和拨奏（Pizzicato）；首先采用了主导动机的写作手法并确立了三部曲式的咏叹调；在和声上大胆地运用七度、九度、增五度等不和谐音程，转调自如，织体丰富。如此一来，音乐表现情感的力度就大幅度增强，表现的领域也被拓宽了。

蒙特威尔第把自己的歌剧音乐风格称作"Concitato"（激动）风格。他认为，人的声音具有高低中三个音区，音乐的语汇也可以分为激动的（Concitato）、柔和的（Molle）以及舒适的（Temperato）三种类型，分别表现不同的情感。从蒙特威尔第的音乐理论与实践中可以看到，巴洛克时期的音乐家在美学观念上存在着一种理性主义倾向，具体表现是：相信音乐与人的情感具有相互对应的符号关系，每一种情感都能够通过某种特定的音乐形式表现出来。在这一信念的促使下，巴洛克音乐家力图将音乐与情感的关系明确化，在总结前人经验的基础上，建立一套适用于各种情感内容的音乐语汇。

1602，《圣马太的灵感》，卡拉瓦乔，罗马圣王路易教堂肯塔瑞里小堂

1642，《夜巡》，伦勃朗，荷兰阿姆斯特丹国立博物馆藏

绘画方面，如果与文艺复兴时期的作品相对比，文艺复兴时期的艺术主要是静止的，构图以匀称为追求，而巴洛克时期的艺术主要表现动势，不对称结构的构图方式居多，通常是对角线构图。文艺复兴时期的艺术强调线条，巴洛克时期的艺术则是以明暗对比来造型，增加画面氛围的生动或者紧张感。巴洛克艺术的本质与新意在于二者的融合：一是压倒一切的激情；二是由许多冲突激情体验带来的新的觉醒与意识。它不再是统一在文艺复兴时期的和谐平衡古典的整体中，而是融合在高度主观的情感、光与影的美妙作用、深邃而又非理性的空间，以及难分你我的表达之中。

在意大利，是理想化的卡拉奇，是善于将写实置于明暗对比强烈的戏剧情境中的卡拉瓦乔（Michelangelo Merisi da Caravaggio, 1571—1610）；在法国，是普桑（Nicolas Poussin, 1594—1665）的戏剧性叙事和超凡的风景，拉图尔（Georges de La Tour, 1593—1652）总是呈现特殊角度的光影中的夜晚情境，克劳德·洛兰（Claude Lorrain，1600—1682）如诗般的美丽风景；在西班牙，是穆利罗（Bartolome Esteban Murillo，1618—1682）温馨的色调，里贝拉（Jusepe de Ribera，1591—1652）和苏巴朗（Francisco de Zurbaran，1598—1664）特有的沉思默想中的虔诚情调，以及宫廷画家委拉斯凯兹（Diego Rodriguez de Silva y Velazquez，1599—1660）强有力的渲染；在德国，巴洛克艺术的顶峰当推亚当·埃尔谢默尔（Adam Elsheimer，1578—1610）笔下极其意味深长的风景；在荷兰，伦勃朗（Rambrandt Harmenszoon Van Rijin，1606—1669）的肖像画，哈尔斯（Frans Hals，1580—1666），维米尔（Johannes Vermeer，1632—1675），以及弗兰德斯的鲁本斯（Peter Paul Rubens，1577—1640），各有其迥异的胜场。

巴洛克艺术在思想层面上展示更多的神性与人性、理想与现实的矛盾，表现出一种前所未有的强烈怀疑。一幅原本是赞美一个神圣人物的画面却

1648，《示巴女王在海港起航》，克劳德·洛兰，伦敦国立画廊

1665，《戴珍珠耳环的少女》，约翰内斯·维米尔，荷兰海牙莫瑞泰斯皇家美术馆

得到了不怎么具有宗教含义的处理；一幅人物肖像画与其说仅仅是对特定人物的写照，不如说借此揭示更为深刻的思考。或者，巴洛克艺术中的寓意不再仅仅是抽象概念或情境中的拟人化，而是所有的人物、场景和隐喻都可能被当作绘画复杂性构成的元素。这可以借彼得罗·达·科尔托纳（Pietro de Cortona，1596—1669）为罗马的巴贝里尼宫大厅所作的天顶绘画《神意的胜利》略加说明。此巨作被认为是打开巴洛克装饰艺术新篇章的力作，它将

著侈品思维：爱斯睿，艺术化的宇宙观

巴贝里尼家族的名誉看作是神意的馈赠，而且，壁画统一了各种绘画题材：历史、神话、风景、日常生活等。

同时，巴洛克艺术的综合性不仅仅体现在图像志上，而且，超出了绘画的限制，与建筑结合在一起。文艺复兴时期绘画和建筑是没有关联的，要么是绘画整合到建筑的框架，严格地遵守建筑的界限；要么绘画被构思为透过窗户把握到的景致。但是巴洛克时期带来了绘画与建筑特殊的互动，例如其中的光线处理成了从建筑内环境到画面虚构空间之间自然过渡的连续体。因而，在这个意义上，巴洛克的建筑是高度绘画性的。贝尔尼尼是最早试图将建筑、雕塑和绘画融为一体——美的整体（所谓 un belcomposto）——的人。

那么，对于奢侈品牌来说，如果服装设计师对巴洛克风格着迷，那么巴洛克艺术的美学思潮，自然也会影响其服装设计思想：享乐主义的华贵色彩与高级面料的运用；巴洛克作为一种激情艺术，打破理性的宁静和谐，强调设计师的热情想象力，形成不对称的夸张浪漫的设计风格；对巴洛克时期服饰元素的复古再现，例如花朵、水晶、褶皱与缎带；动感与运动变化作为巴洛克艺术的灵魂，激发设计师对服装廓形的创新，以及可以使服装在行走间达到飘逸状态的剪裁；巴洛克艺术关注作品的空间感与立体感，

John Galliano 在 Christian Dior 时期设计作品

这在当时影响并形成了路易十四时期宫廷服饰的造型设计，以及现代高级时装上运用的浮雕感装饰；巴洛克艺术强调艺术形式的综合性，例如巴洛克建筑重视建筑、雕刻与绘画的综合，并吸收文学、戏剧、音乐领域的要素与想象，这带给服装设计师面料材质的混搭设计思想，以及在时装秀进行装置表演艺术的灵感。

地球的另一端，东方的美学思潮也随着时间的发展而不同。从远古图腾的神话思想与淳朴稚拙却狂热的传奇迷幻，到青铜饕餮的追求力量的狞厉之美，前秦的理性精神，再到楚汉的浪漫主义，魏晋的人文风度，盛唐之音洋溢青春光芒的华彩，晚唐富有矛盾的韵外之致，宋元山水的无我之境，融入市井的清明文艺思潮。

以唐代为例，对外开疆拓土军威四震，国内相对安定统一。一方面，南北文化交流融合，使汉魏旧学（北朝）与齐梁新声（南朝）相互取长补短，推陈出新；另一方面，中外交通贸易发达，丝绸之路引进来的不仅是商业合作，还有异国的礼俗、服装、音乐、美术以至各种宗教，异域文化成为盛极一时的长安风尚。这是空前的古今中外的交流大融合。无所畏惧地引进与吸取、创造与革新，是产生文艺上的"盛唐之音"的社会氛围和思想基础。

如果说西汉是宫廷皇室的艺术，以铺陈人的外在活动与对环境的征服为特征；魏晋六朝是贵族的艺术，以转向人的内心、性格和思辨为特征；那么唐代恰似两者统一：既不只是对外在事物与人物活动的夸张描绘，也不只是对内在心灵、思辨、哲理的追求，而是对有血有肉的人间现实的肯定和感受、憧憬和执着。一种丰满的，具有青春活力的热情和想象，渗透在盛唐文艺之中。即使是享乐、颓丧、忧郁、悲伤，也仍然闪烁着青春、自由与欢乐。盛唐艺术的典型代表便是唐诗。

"人闲桂花落，夜静春山空。月出惊山鸟，时鸣春涧中。
木末芙蓉花，山中发红萼。涧户寂无人，纷纷开且落。"

诗画相合的王维，这首诗写得如此幽静之极又生趣盎然，优美而明朗。如果以晚唐杜牧的名句来比，例如"斯人清唱何人和，草径苔芜不可寻。一夕小敷山下梦，水如环佩月如襟。"虽然也极其空灵美丽，然而更柔婉清秀，没有前者明亮而开阔的气质了。

盛唐之音在诗歌上当推李白，他的诗词不只是盛唐之音表现的青春、边塞、江山、美景的明亮热情以及开阔宏大，而且是笑傲王侯、饮酒赋诗、纵情欢乐的不羁与潇洒。其诗词痛快淋漓，天才极致，似乎没有任何约束，毫无规范可循，脱口而出随意创造，却美妙奇异。龚自珍说："庄屈实二，不可以并，并以之为心，自白始。"（《最录李白集》）尽管时代原因使李白缺乏庄周的思辨力量和屈原的深沉感情，但庄周的飘逸和屈原的瑰丽，在李白的作品中合而为一，达到了中国古代浪漫文学交响音诗的高峰。

"君不见，黄河之水天上来，奔流到海不复回！君不见，高堂明镜悲白发，朝如青丝暮成雪！人生得意须尽欢，莫使金樽空对月……"

"朝辞白帝彩云间，千里江陵一日还。两岸猿声啼不住，轻舟已过万重山。"

在中国所有艺术门类中，诗歌与书法最为源远流长。书法与诗歌同在唐代达到了高峰，既是这个时期最普及的艺术，又是这个时期最成熟的艺术。正如工艺和赋之于汉，雕塑骈体之于六朝，绘画词曲之于宋元，戏曲小说之于明清一样，分别都是一个朝代艺术精神的集中点。唐代书法与诗歌相辅相成，具有相同的气质，其中共同体现盛唐风貌的莫过于草书了。

与唐诗一样，唐代书法也经历了一个过程。唐太宗酷爱王羲之，书法《兰亭集序》名高而风行，如同初唐张若虚的诗词《春江花月夜》，轻盈华美，风流潇洒。走进盛唐，孙过庭《书谱》虽然依旧遵循初唐传统，但他提出"达其性情，形其哀乐"，明确书法作为抒情达意的艺术手段，强调书法作为表情艺术的特性，并将这一点提到与诗歌并行、与自然同美的理论高度。孙过庭这一抒情哲理的提出，也预示着盛唐书法的浪漫主义高峰的到

〔唐〕张旭，《古诗四帖二版》，画心全幅，纸本，228.3×30.4

〔唐〕张旭，《李清莲序》，草书（拓本玄），27×541

来——以张旭、怀素为代表的草书和狂草。"草圣"张旭与"诗仙"李白齐名，无拘无束，将悲欢情感痛快淋漓地倾注于笔墨之间。一切都是浪漫的创造，一切都是自然抒情，世间的物质存在都变为情感的表达，盛唐的诗歌与书法共同展现的，是一种音乐性的美。

然而，同样是盛唐，同样是诗歌与书法，李白张旭的行云流水，与杜甫颜真卿的沉稳厚重是两种不同的美。从时间上说，杜甫、颜真卿的艺术成熟期和代表作都在安史之乱之后。如果说，以李白、张旭等人为代表的盛唐之音，是对旧的社会规范和美学标准的突破，其艺术特征是内容溢出形式，不受形式的任何拘束，是无可模仿的天才抒发，是青春绚丽的歌唱；

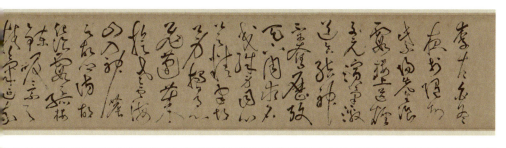

那么，以杜甫、颜真卿等人为代表的盛唐之音，则是对新的艺术规范与美学标准的确定与建立，讲求形式与内容的统一，以树立可供学习和仿效的格式与范本，将盛唐那种雄伟豪迈的气势情绪纳入规范，严格地收纳凝练在一定形式与规律中，浑厚刚健，方正庄严。

李白的诗与张旭的书法，对比杜甫的诗与颜真卿的书法，这两种不同风格的审美情操，是否也让你联想到法拉利（Ferrari）、兰博基尼（LAMBORGHINI），与宾利（BENTLEY）、劳斯莱斯（ROLLS-ROYCE）的不同设计风格呢？一种是表达青春炫酷的潇洒激情，一种是表达权威荣耀的成熟稳重。

对于奢侈品牌来说，是哪一种美学风格在最初的时候震撼了创始设计师的心魄？又是哪一种文化浸染了创始设计者的心智？是原始图腾的神话狂热，还是采菊东篱下、悠然见南山的淡雅田园风情？是文学名著的故事情节戏剧性启蒙了他的艺术想象，还是诗词歌赋的意境引领了他的艺术追求？是西方的华丽与写实，还是东方的淡雅与写意，才是征服他感染他的魅力？他融合吸收的同时又原创了多少新思潮？在他的思想灵魂里，什么才是无与伦比的瑰丽华彩，开天辟地的惊艳无双？他选择颠覆每个时期当时的美学思潮，还是顺从并发挥到极致？他选择民族主义，还是东西方文化融合？他认为什么才是穿越时空抵达永恒的美丽？这是品牌灵魂的起点，也是品牌灵魂的根基。

美学境界的培养不是一朝一夕的，更不是一两项擅长的技术技巧，他所经历的一切都是创作的养分。就像乐队指挥绝不只是手臂随旋律节奏打拍子，他要至少精通三种乐器而且都颇有造诣，会作曲，懂得声乐、器乐、歌剧、摇滚、爵士，理解各位作曲家想表达的曲目情境与历史背景，品鉴得出各种作品是如何用音乐语言描写情景场面的，熟悉乐队中所有器乐的乐谱，并将所有的旋律节奏在脑海中系统整合，从不同声部的乐谱中"看到"音乐表现的走向与氛围，找到正确的能够表达音乐意义的节奏，以及有品位地选择弹性节奏，听得出乐队演奏的各种和谐与不和谐，协调平衡整合乐队表现出曲目的最佳效果以及风格，等等。即便如此，指挥在历史上还有两个学派之分：一派为门德尔松的严格精准、优雅理智，完全遵照乐谱节奏；一派为瓦格纳的热烈表现出指挥对曲目的自我感情与理解。完美的状态是合二为一，而那将更需要也更能体现出指挥高深的艺术修养。

正如指挥家伯恩斯坦曾说："伟大的指挥家需要对时间的流动有一种特别的感知，让音符一个接着一个完全按着对的步骤在对的时间上走。音乐存在于时间之中。时间必须被分割开来，设定模式，然后再重设，直到它成了一个具有固定形式和形状的雕塑。但是交响乐毕竟不是雕塑，不可以在空余时间随心所欲地一次性看完或者一点点看。在音乐中，我们被困在时间里。每一个音都是很快出现，无法再次审视或聆听，就只出现在时机成熟的那一刻，再次审视就晚了。所以指挥家也是一个雕刻家，只不过他使用的元素是时间，而不是大理石。在雕塑的过程中，他必须对比例和关系有着非常好的感觉。他必须判断一部作品最大的比重在哪里，以及整个作品的基调。他必须征服一部作品的形式，不是作为一种模式，而是它最深层的含义：音乐在哪里放松下来，哪里开始聚集紧张，哪里达到了最大的紧张，哪里必须再次放松以积蓄力量达到下一次飞跃，或者是在哪里把力量卸掉。最重要的是，把所有这一切，传达给乐团。"

如果说指挥家用时间雕塑交响乐，设计师创始人则用其美学的底蕴与境界塑造奢侈品牌的意识形态。同时，他的美学底蕴及其境界也决定了奢侈品牌在时间甚至历史的长河里能够走多远。当然，这里指真正有持续生命力的奢侈品牌。

奢侈与哲学

　　曾有句电影台词说："莎士比亚借《罗密欧与朱丽叶》想表达的是，完美的爱无法在不完美的世界里存活。"那么，莎士比亚的戏剧《驯悍记》讲的又是一个什么故事呢？性格迥异的男女相互爱慕，最后有情人终成眷属？还是男性粗暴地对待女性，最终征服女性的故事？还是一个烈女搅得每个人生活一团糟的故事？第一种解读的主旨是两人相爱，第二种是虚张声势压倒对方，第三种是泼妇的愤怒。

　　这到底和奢侈品牌有什么关系？

　　奢侈品世界不仅仅是百家争鸣体现不同美学思想的梦世界，也是金字塔结构构筑的顶尖华丽的阶层世界。不同于仁者见仁智者见智的文化创意领域，商品世界一切是明码标价的，虽然价格不能定义奢侈品，但奢侈品的等级却决定着价格的级别，也细分富裕阶层之间的资产阶层与品位阶层，因为一切顶尖也是从塔底不断升华提炼优化再优化上来的。艺术品的价格有时还有炒作之嫌，奢侈品的全球定价却是遵从商业逻辑与市场需求。那么，到底是什么决定了这台车是百万级资金量，而另一台车是千万级资金量？除了后面章节将讲到的战略发展模型中的价格策略，以及前面"奢侈与高级"章节中阐述的"美学梦想"超越"功能材质性价比"之外，前瞻性的对美的认知以及取向价值观占据了很大原因。

　　曾有记者采访爱因斯坦：您觉得发明创造最重要的是什么？爱因斯坦

莫斯科大剧院芭蕾舞剧《驯悍记》剧照

想了片刻，回答说，是人性本善与本恶之间的信仰归属。如果信仰人性本善，信仰世界互联博爱，那么一切的发明创造都是为了人与人之间可以更紧密地连接；如果信仰人性本恶，人类相互掠夺争斗才可以存活，那么就会发明核武器等阻断人与人之间的联系，发明建造各种防线壁垒式的产品。

奢侈品定义并引领物质世界中对美的最高认知与最高追求。属于奢侈范畴的高级定制（Haute Couture）的时装设计，无疑引领着高级成衣（High Fashion，也就是我们所说的国际大牌）的时装设计，高级成衣的时装设计则引领所有服装的设计潮流。然而，潮流风格却不是高级定制时装设计随便的一时灵感。例如女装直线条的硬朗廓形，最初源于女性独立解放运动，并重现于之后的女权主义时期，流行色的预测也与时代发展的氛围有很大关联。不仅仅是服装，游艇帆船、家居产品、超级跑车也都会迭代升级自己的流行趋势，而这流行趋势的顶级制定规则的源头便是：何为未来的最美？何为未来的最舒适？何为未来的高品质？何为未来的高级生活？何为真正的幸福快乐？甚至，何为真正的自由？

以自由为例。对于理性的人来说，自由依赖于自我认同，在满足他需要的时间空间的前提下，在他以自己的逻辑深思熟虑之后，按他自己的节奏去做他决定去做的任何事，那么他就会认为自己是在自由行动。如果一件事情仅仅出于突发奇想与突然的愿望，或者某种感情的爆发比如一见钟情，或者当局的催促，那么他就会觉得不太自由，如同孙悟空被如来佛祖突然飞来的五指山压下，还没来得及思考感受就被框架束缚了，而不是可以自在随心御风而行地进行真实自我表达。

然而，对于感性的人或者极具天资禀赋的人来说，情感随心表达即自由。因突发奇想而兴奋然后立即执行，或者原本温和的人因为一见钟情突然热烈，或者因为某种预见性的见微知著与顿悟立即采取行动，哪怕上述在理性的人眼中是以管窥豹，莫名其妙不可思议甚至是不经大脑而且具强迫性，他也必须立即表达呈现出来，否则才是不自由，不能表达真实自我。因为他已经瞬间"看到"了别人需要思考后的局面。至于不可思议的顿悟，惊艳和普通的美丽是不一样的，天赋异禀和努力刻苦训练出来的优秀也是不同的，安东尼奥·萨利埃里一生刻苦努力，绞尽脑汁改了又改的创作曲目，比不上莫扎特即兴玩乐、随便边弹琴边临时创作的曲目。

再比如高级建筑，无疑是一种奢侈品。抛开地理区域位置，最影响价格档位的是什么呢？建筑设计本身。高品质的建筑设计包含很多要素，而作品设计思想的源头却离不开设计师的哲学选择。

亚里士多德之后的希腊化和罗马化时期哲学分为两大派别，分别是伊壁鸠鲁创立的伊壁鸠鲁学派（Epicureanism）和芝诺创立的斯多葛学派（Stoicism）。一般认为，斯多葛学派宣扬克己，对伊壁鸠鲁学派主张的快乐主义持批判态度。然而，伊壁鸠鲁所提出的"快乐"指不为现实波动所扰，内心始终宁静平和。斯多葛学派坚持宇宙决定论。伊壁鸠鲁学派虽立足于原子论，但不同于原子论创立者德谟克利特认为的原子进行直线运动，伊壁鸠鲁认为原子运动轨迹会随机发生细微偏移，由此孕育出世界的多样性。斯多葛学派主张人应直面必将到来的死亡。伊壁鸠鲁学派认为，人死之前皆为生者，死之一瞬已不复存在，因此人无法经历死亡，也就无需面对死亡。

两位日本建筑设计大师的设计思想恰好对应这两种哲学思想，安藤忠雄与矶崎新。20 世纪 70 年代后，建筑与城市规划中的后现代主义，放弃了对独立建筑乃至城市采用统一设计的野心，转而化为在流动的碎片集合的世界中，创造出更为局部的秩序。关于局部秩序的建立的设计风格，如

和美术馆，安藤忠雄，2020

和美术馆，安藤忠雄，2020

奢侈品思维：爱斯睿，艺术化的宇宙观

果说矶崎新的后现代主义对应的是伊壁鸠鲁学派，那么"清水混凝土诗人"安藤忠雄对应的便是斯多葛学派。

矶崎新认为，"反建筑史才是真正的建筑史。建筑有时间性，所有的建筑最后都会成为废墟，但它会长久地存留于思想空间，成为一部消融时间界限的建筑史。阅读这部废墟建筑史，可以更深刻地了解建筑与社会的对应关系"。矶崎新有很多未完成的前卫先锋建筑，类比艺术史的达达主义，"瞬间即永恒"，解构才是真正的结构。

而安藤忠雄说，"如若可以，我想创造出永存于人类记忆深处的建筑，而非仅仅是物质或形式的存在。为了接近自己内心的理想，我开始尝试创造去除一切修饰的、犹如素面画布一样的建筑。当这个留白里被引入风、光，空间就会被注入生命。当这个留白里被置入城市，也许就会触发一种意外而刺激的偶生艺术。如果将这个留白与刻有时间的砖墙相对而立，那里就会浮现出，从过去到现在再到未来的，潺潺相连的时间的厚度。而当这个留白融入一片大地风景时，将会出现一个无边小宇宙一般的世界"。安藤忠雄的作品，如肖邦的音乐，优美、宁静而富有深意，带给人们悟的精神性，永恒而有诗意。

除了时代背景、思维差异、哲学选择，奢侈品的选择与个人修养的价值取向也是密不可分的。比起华丽的各种顶级物质享受，也许对某些人来说，随心而动的生活就是最高级的品质生活，或者徜徉在艺术世界尽情自我创作就是最幸福圆融的状态。当我们真正开始爱自己，将更加深入地理解奢侈品并更热爱生活，将开始追求自由与真正的快乐，热切渴望去体验更多有趣的冒险与更宁静的心灵感受，而不仅仅是为了奢华富贵的身份与阶层象征。热情的生活态度比奢华的生活用品更高级也更有价值。那么这个时候，顶级奢侈品又该如何打造新产品？毕竟，过去王室引领全社会，如今精英阶层的取向引领全社会。

现在回到本章最初的问题，《驯悍记》讲的究竟是一个什么样的故事呢？

第二章

奢侈品牌营销管理的灵感演绎

奢侈品行业的商业管理究竟是如何具体运作的呢？消费者洞察、品牌塑造与延伸、系统化管理运营、市场营销、销售渠道、商业模式发展，如何将艺术化的品牌灵魂与现实商业运作相结合，定价策略，奢侈品公司如何发展运作，如何以十维空间的视角再次确认品牌灵魂？本章将深入浅出，层层递进，内（艺术性）外（商业性）结合，为你呈现高门槛而神秘的象牙塔究竟是如何进行商业运作的，又与大众商业运作模式有何区别。

消费者的动态偏好：一千个哈姆雷特的规律

　　奢侈品的消费者在哪里？富裕阶层消费又有哪些规律？奢侈品除了是社会地位的象征，更是个人美学境界与格局品位的表达。不同的品牌与设计选择，也彰显着消费者的灵魂气质，个人审美品位与奢侈品品牌灵魂相匹配总是会引发狂热共鸣。那么，是否聚集所有拥有购买能力又有品位的人，最好熏陶引导成品位和自家品牌灵魂相一致，每一个奢侈品牌公司就可以高枕无忧坐等顾客上门了？

　　这只是第一步。我们还需要消费者有关未来的消费偏好，而不仅仅是当下的消费行为。

万达集团与英国游艇 Sunseeker

　　记得 2014 年万达集团收购英国游艇品牌圣汐（Sunseeker）的咨询项目，万达想知道在青岛建造多大尺寸的工厂 ROI 最高。对于我们来说，这个咨询项目的本质其实是在询问中国的高净值人群未来购买游艇的消费偏好，因为不同船型尺寸对应不同的工厂建造尺寸，毕竟圣汐（Sunseeker）拥有大船小船定制船的全线产品。我们当年整理了亚太区游艇市场与数据（包括圣汐［Sunseeker］及其竞品的游艇船东名单、经销商网络、俱乐部及运营模式），分析了行业市场情况，更重要的是，我们综合高净值人

　　　　　　　　　　　　　　　　奢侈品思维：爱斯睿，艺术化的宇宙观

群的生活方式与消费配比的分析，精准预测了消费偏好的未来趋势，赢了 BCG 和 LEK 两家公司。

富裕阶层的消费是圈层配套的。一个购买售价 30 万元人民币一台冰箱的人不会没有任何私人交通工具，也不会仅仅住公寓楼房。每一个富裕阶层的人对于商品的审美品位也是同向的，一个对设计的品位是新艺术运动中回归自然有机线条的人，会喜欢高迪（Antony Gaudi）的建筑，喜欢帕加尼（PAGANI），喜欢新古典主义而非现代极简主义的家居产品，喜欢公主（PRINCESS）游艇、阿兹慕（AZIMUT）游艇与圣罗兰佐（SANLORENZO）游艇；而对设计品位是包豪斯风格的人来说，会喜欢兰博基尼（LAMBORGHINI），会喜欢 bulthaup 橱具，亚诺（JEANNEAU）帆船以及蓝高（LAGOON）双体帆船等直线条简约风格的产品设计。

富裕阶层的投资消费偏好也是贯通的，投资稳健型的客户更愿意置产豪宅游艇与豪车，而非速度型跑车与帆船，更愿意购买高级珠宝而不是高级时装；投资偏好激进型的客户则更倾向于后者。同样是千万级别的车，除了审美品位不同选择，对应的富裕阶层的生活方式也是不同的，比如布加迪（BUGATTI）讲求材质奢华，而柯尼塞格（Koenigsegg）则追求赛道激情。

这就已经足够了吗？

圈层配套，同向品位与贯通的消费偏好只是第二步，因为依然相对静态，动态的消费变化与消费迭代也不可能忽视。因为一个游艇船主过去花费 5000 万元人民币购买游艇，并不代表他日后还会花 5000 万元再买相同的船，也许他在享受游艇生活的过程中，开始从奢华游艇变得喜欢小尺寸钓鱼艇，或者玩船玩了几年后，开始喜欢收藏艺术品了。

动态迭代的除了商品偏好还有什么？富裕阶层消费的精神关注点也会转移迭代。关注点的升级变化，奢侈品在眼中的形象也将跟着改变。对于富裕阶层境界提升的顺序而言，奢侈品在其眼中的意义，从彰显身份地位的商品，升级到欣赏其高品质的作品，再到有趣的酷玩具，最终到达精神境界的载体与艺术品。随之而来的是，消费群体与奢侈品的连接与关系，以及互动模式也会变化。是单纯放置还是改装酷玩？是购买拥有还是租赁，或者是定制？

加拿大庞巴迪 BOMBARDIER Global 7000

加拿大庞巴迪 BOMBARDIER Global 8000

德国 bulthaup 橱柜 b3e

德国 bulthaup 橱柜上海展厅

法国 BENETEAU 博纳多帆船 Sense 46

法国 BENETEAU 博纳多帆船 Sense 55

法国 BENETEAU 博纳多帆船 Sense 57

奢侈品思维：爱斯睿，艺术化的宇宙观

英国 PRINCESS 公主游艇 S72

英国 PRINCESS 公主游艇 82 Motor Yacht

意大利 BUGATTI 布加迪 Grand Sport

瑞典 Koenigsegg 柯尼塞格 Regera

另外，真正的富裕阶层比任何人都要珍惜时间，也享受高效之后的愉悦宁静时光。富裕阶层中不同人群的消费观也是不同的。富二代相对更多冲动炫耀，更需要高效便捷；高产贵族则精明看中性价比与产品品位内涵，产业链智能串联才放心；白手起家的高净值人群更着眼于增值减税，私人管家式服务。当然他们也有共同感兴趣的重叠部分，那便是高门槛的增值服务权益与圈层活动，高品质高级趣味的体验感以及提高资金利用率。

因此，富裕阶层的消费互动模式、消费体验、消费速度，以及消费范围也都会随时代发展动态迭代，而这一系列的变化，必将直接影响奢侈品产业链条中各结构单元（制造商、经销商、运营商、关联商）的营销模式变革。智能大数据、线上应用线下体验、场景服务、体验式的数字营销，以及高效安全又提高资金利用率的交易模式势必成为新的商客互动模式，而这也是我司 App 睿卿（A.S.Ray Intelligence，曾用名 iWANNA）应运而生的基础。

想象一下，所有高端商业机构不再花大力气寻找高净值客户，而是精准的高净值客户主动找上门；高净值客户买一艘游艇不再需要至少 3 个月的时间来寻找并比较这高门槛的产品参数信息，信息来源也不再仅限于已购买的朋友，或者附近的经销商，而是全球范围内即刻动态匹配需求，精准出现心仪的产品与服务；同时，如同随身配备私人管家式智能助理，一键即刻快速响应产业链售前售中售后的各种需求；还能免费

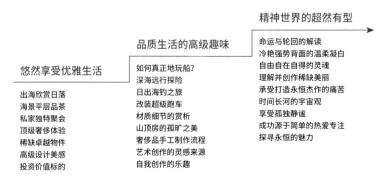

图 4　高净值客户对奢侈品生活认知的进阶顺序　资料来源：爱斯睿营销咨询公司。

　　　　　　　　　　　　　奢侈品思维：爱斯睿，艺术化的宇宙观

获赠全球各大奢侈品展览主办方邀请函，以及各种奢侈产业链商家排他专属的限量权益与活动；各环节保险保驾护航，加之场景金融提高资金利用率。这样是否能解决高净值消费业态的所有核心以及终极问题？是不是太过异想天开？

独创商业智能助理兼富裕阶层智能消费助理的App睿卿完美实现了上述所有不可思议的场景。凭借多年行业深耕以及UGC+C2B的运营模式，睿卿利用全球奢侈品链条的协同作用快速响应并满足高净值人群售前售中售后一站式需求，赋予高净值客户全球范围内奢侈品圈层高门槛稀缺福利权益的同时，以人工智能技术与深入行业逻辑的专业门槛，动态精准匹配用户不断变化的对各种商品及服务的需求，使客户高效获得奢侈产业链全程智能管家式服务。奢侈品行业各产业链结构单元则可以面向自动匹配的精准客户进行高精准营销，大大降低市场预算ROI的同时，增强互动黏性提高销量，动态进行客户管理。融资租赁、分期、保险等综合场景金融则满足了各方各环节的安全感，带领并提升产业在安全前提下的运作效率。

这就是一千个哈姆雷特的所有规律了吗？不是。不同国家地区的富裕阶层消费观也存在差异。

欧洲奢侈品消费观

相对于亚洲与北美地区，欧洲国家人群普遍没有更热衷于奢侈品。当然他们也购买，只是相对来讲不甚积极。法国和意大利，是最多奢侈品牌的发源地，同时他们也是天主教国家，宗教信仰帮助贫困与克制自身欲望。同时，既然是全球化的发源地，那就很难指望着他们自身消费更多。事实上，法国文化遵从低调隐藏身家而并非高调炫耀奢华，他们更像是欣赏品鉴家，往往因品牌的历史文化、产品细节与工艺的独特魅力而消费。奢侈对于法国更像是精致的高级美食需细细品鉴。意大利的奢侈则是被艺术美感与风格趋势所激发。德国则更看重质量，而非那些梦幻的无形资产，比起奢侈品，他们更喜欢性价比高的中产品牌。

美国奢侈品消费观

美国将追求快乐当作责任与权力，即消费使人快乐，高级消费使人加倍快乐，人生随高级消费变得更加舒适、更加高效、更加具有表现性。每一样奢侈品消费都有其特殊意义与功效，都应该并且值得消费。洛特天鹅（NAUTOR SWAN）帆船卓越的航海品质，还有优越高级的内饰；法拉利（Ferrari）不仅漂亮，高效性能使它即使二手转卖也很值钱，那都是必须"今朝有酒今朝醉"的因由。

俄罗斯与亚太地区奢侈品消费观

俄罗斯与亚太地区，比起美国的快乐主义消费，则更看重声名显赫。价值的标识必须清晰，自身地位必须为人知晓。对奢侈品也如此，比起经典流传的品位，更偏向现在进行时的象征式拥有，是与知名品牌而非美学意境的情感连接。笛卡尔言"我思故我在"，俄罗斯与亚太地区则是"我奢侈故我存在"。

品牌资产的塑造

讲完了奢侈品消费者洞察，让我们再来看看奢侈品牌的塑造。一个优秀的品牌就像一个优秀的舞台剧演员，不仅惊艳得让人眼前一亮，产生内在情感共鸣，更是在登台的一瞬间，她的舞台魅力就吸引了众人的注意力：众人所关注的一切现实的东西都没有她所关注的重要，而她做的也许只是把注意力集中在听到了一只想象中从旁飞过的小鸟上。

"想演戏，你必须学会如何将注意力集中到抽象的不具体的东西上，那些只有深入自我才能感知到的情绪上，以及那些生命中最激烈的情感，最痛苦的挣扎所表露出来的东西上。换句话说，你需要把注意力集中到那些实际并不存在，得由你自己塑造出来的或者想象出来的情感上边去。"

——《演技六讲》理查德·波列斯拉夫斯基

对于戏剧表演者来说，这种舞台魅力的训练有如下几个方面：形体上每天不间断的古典舞与现代舞训练、呼吸练习、发声练习、演讲、唱歌、哑剧等。学识上通晓世界文学，明白德国文学与法国浪漫主义文学的区别，通晓绘画、雕刻、音乐；对运动心理学、心理分析与情感表达有清楚的认识，等等。精神层面上可以随心所欲地完成指定动作与剧情变化，也就是在任何情境下情绪收放自如，而这也是长期训练的结果。

Andrey Ermakov 在芭蕾舞剧《吉赛尔》中剧照　　　　Andrey Ermakov 在芭蕾舞剧《天鹅湖》中剧照

　　长期训练之后，在面对塑造一个人物形象的时候，才可做到很短时间之内就狠准稳地把握人物情感心理，展现人物的独特唯一性。舞台上被塑造出来的这一精神生活的人物也必须是独一无二、与众不同的。哈姆雷特就是哈姆雷特，奥菲利亚就是奥菲利亚，他们不能是其他的任何人。

　　奢侈品牌的核心品牌个性也必须是独一无二的。香奈儿（CHANEL）的独立自我意识，宝格丽（BVLGARI）不失内在力量的华丽，葆蝶家（BOTTEGA VENETA）的低调内涵，纵使每年的流行趋势再如何改变，品牌核心灵魂以及新的流行元素所表达的精神也不可改变。如若葆蝶家（BOTTEGA VENETA）变得 bling bling 闪闪亮亮，它便失去了它自己以及市场，变得如芸芸众生般无足轻重。

　　那么奢侈品牌的品牌资产（品牌认知度、品牌知名度、品牌忠诚度、品牌联想）的打造也需要如舞台剧演员或者剧作家一样的底蕴吗？是的，如此方能登场便闪亮被铭记，因为真正的奢侈品牌是艺术美学所创造的"形象"。

　　品牌资产的塑造是综合修养底蕴的凝聚浓缩，品牌资产的呈现是以不同的营销项目进行的表达。营销项目当然要以品牌个性灵魂为起点进行延

　　　　　　　　　　　　　　　　　　奢侈品思维：爱斯睿，艺术化的宇宙观

展创造。这很像宇宙的演变。吸取星宇间的能量不断发展壮大的恒星，达到一定程度之后发生大爆炸而内核收敛，爆发出来的新的千万个小行星慢慢形成稳定的轨迹，系统化公转自转，最终形成新的星系。爆炸后的收敛点内核不仅是星系的中心，更是速度的核心，所有星系中的行星依据与内核的距离，以不同的速度自动地运行着。

这收敛的内核便是品牌的核心灵魂，不同的行星便是一个个不同又相互关联的营销项目，各自运行着品牌资产的不同方面。如果仅仅是营销项目的堆砌，则只是很多散落的砂石，无法形成统一而系统的品牌资产星系。没有内核的灵魂，纵使是完整的品牌资产，也无法上升到奢侈品牌资产的高度。

正所谓台上一分钟台下十年功。舞台演员的功力不仅仅是平时肢体动作的训练，也不仅仅是对精神世界的熏陶与积累，更包含舞台魅力的情感表达，一呼一吸之间收放自如的韵律与节奏感，想象力与专注力的高度，信念与真实感的状态，以及学会放松。

这的确有境界的高低之分。比如表演愤怒，真的只能怒吼咆哮吗？笔者认为不怒自威的表演更高级。就像两个人谈判的强势地位不体现在声音的大小，有理不在声高，而是平心静气地温和地说出掷地有声的话，是内容与眼神的威慑。外柔内刚的人最有力量，越是大声咆哮反而越是虚张声势。伤心狂喜倒是可以更显舞台张力，情感浓烈总是更引人入胜让人记忆犹新。

奢侈品营销同样需要"舞台魅力"，姿态优雅华丽璀璨夺目，却不能曲高和寡冷冷清清，更不能众人狂欢过后毫无销售业绩，要做到叫好又叫座。如何才能做到呢？这与芭蕾舞表演有异曲同工之处。明明仅是足尖站立就已经很辛苦了，因为整个人的重心只落在二脚趾和三脚趾的趾尖上，那么全身要肌肉收紧，整个人如一根筷子，提气的同时保持呼吸的顺畅自如，跳跃时还要在空中平衡控制住自己的身体，如此辛苦表情却要甜美自然，仿佛仙子一般轻盈宛若羽毛。或者根据舞剧的情节，结合交响乐的高潮迭起表演夸张的伤心或狂喜，甚至前排观众可以看到眼神的情感表达，但同时高难度的脚步动作依然精准无误一丝不错。芭蕾看似是旋转与跳跃的艺术，实则更是控制与平衡的艺术。

同理，奢侈品营销项目形式要看起来优雅放松怡然自得，同时内部收紧做到精准数据精准营销，有的项目执行在时间上甚至要精确到秒，完美主义是其必要的素质。

美国冰箱 SUB-ZERO 与高尔夫邀请赛（2012）

记得打高尔夫球刚刚进入中国的贵族运动项目的时候，我们为产品价值 30 万人民币的美国冰箱品牌 SUB-ZERO 做营销推广。这个冰箱品牌先进的冷鲜技术曾做过实验，将写有自己名字的苹果放入一个月还能保持新鲜，加上其包豪斯的设计风格、美国科技与质量的保证，实为高品质健康生活的象征，更是豪宅标配。

高尔夫也是健康优雅的运动，恰如 SUB-ZERO 极致保鲜所带来的健康生活。别墅海滩、跑车接送与游艇出海的互动体验，SUB-ZERO 以高尔夫邀请赛为核心，结合周边场景项目营造一种高级生活方式的整体氛围，以表达品牌自身即高级生活标准配置的象征意义。

所有受邀高净值客户均为 35 岁以上的富有而有品位的男士，不仅仅为了保证购买力，女士通常不会做购买 30 万元冰箱的购买决策，还因为没有品位的男士也不会将生活精致到厨房，而只会在乎外表的形象。邀请赛四个人一组，即三个高净值客户配一个销售人员，所有销售人员提前培训一个月，赛场上没有一个人谈论产品的介绍与销售，而全是上流社会的关注焦点，以及优雅的贵族社交。整个赛场除了背景板上的品牌名称标识没有一丝销售的痕迹，只有搭建出来的讲述品牌文化设计的博物馆与米其林冷餐。邀请赛后续的晚宴与派对，如同《了不起的盖茨比》一样的华丽却不失精致。放眼望去，尽是被国际顶尖品牌的品位调性环绕的上流社会，人人优雅怡然自得，每个人都亲切友好开心而归。

活动之后 SUB-ZERO 从本次邀请的 30 位高净值客户中获得 300 万元人民币的营收，即 10 台冰箱的销售额，是此次营销项目资金投入的四倍还有余，每一位客户的体验都很好，并成为复购客户。

ROYAL SALUTE, AMG, LONGINES, bulthaup 与马球公开赛（2011）

　　同样借由贵族运动精神表达品牌优雅生活方式的，还有众品牌联合推广的马球公开赛。马球持续至今始终被认为是一项优雅的贵族运动，浪琴（LONGINES）手表一直与马术密切合作，以表达其优雅自信的形象与其不断锐意进取的内在文化精神。

　　品牌联合推广（Co-branding）就像同台演出，讲求势均力敌门当户对。合作伙伴要品牌等级相似，调性品级一致，文化理念同向，行业各异且各行业只选一个品牌，目标受众从购买力到文化品位大致相同。马球作为流行于国际王室贵族的优雅运动，愿与之合作的也均为国际品牌，借此传达出低调优雅、卓越性能品质表现，及其贵族生活方式的品牌文化。更重要的，观赛的人群其购买力与品位，以及国际化视野也符合品牌的目标受众。推广品牌形象的赞助项目，除了传达品牌文化理念之外，最重要的就是目标受众的触达。

　　皇家礼炮（ROYAL SALUTE）、AMG、浪琴（LONGINES）、bulthaup 以及马球，共同构筑了一个综合品牌形象，即欣赏或爱好马球运动的群体：家居用 bultaup 橱柜，开 AMG 出行，饮酒喝皇家礼炮，手表戴浪琴，也就是上文提到的"圈层配套"。

2011 中国马球公开赛现场

　　除了借助艺术或体育运动的精神传达品牌文化之外，单独的品牌营销又是如何宣传自身形象的呢？形式多种多样却有底线，奢侈品牌的宣传形式要高级优雅，决不可庸俗大众化。无论何种形式呈现，万变不离其宗的是表达"我是谁，拥有怎么样的精神与品位，代表着怎样的生活方式，哪些人群的生活方式与文化理念与我相配，在哪种场合才有机会与我相见"。在品牌个性塑造方面，你做什么，你就是什么；你是什么，你才可以与什么样的同路人（目标受众）相遇相知，结伴同行永不分离。

意大利游艇 MCY 蒙地卡罗 MCY96 的年度之旅（2017）

　　每年年初的杜塞尔多夫游艇展是拉开新年序幕的首个大型船展。作为全球最大的室内游艇展，杜塞尔多夫游艇展一向拥有极高人气，备受业界关注。从 2017 年的杜塞尔多夫船展开始，蒙地卡罗 MCY96 开始了从发布、售出、亮相、船展首发的耀世之路。

2017 年 1 月，在杜塞尔多夫游艇展上举办的蒙地卡罗游艇发布会

◉ 2017 年 1 月，杜塞尔多夫船展：MCY96 概念发布

在 2017 年 1 月举办的杜塞尔多夫游艇展上，意大利豪华游艇的代表蒙地卡罗游艇向世人展示了全新蒙地卡罗游艇 MCY96 的概念，并赢得大量关注。

◉ 2017 年 2 月，辛普森游艇售出首艘到亚洲的 MCY96

在船型发布不久，亚洲经销商辛普森游艇即售出一艘 MCY96 至泰国，这也是售出至亚洲的首艘 MCY96——此时，MCY96 只是一艘概念艇而非实船。

◉ 2017 年 7 月，意大利威尼斯：MCY96 全球私密首发

当地时间 7 月 29 日晚，在意大利威尼斯充满艺术感的历史建筑里，蒙地卡罗游艇邀请了全球的重量级嘉宾汇聚一堂，共襄盛举。

在威尼斯的美妙夏夜中，嘉宾们齐聚码头，蒙地卡罗游艇 MCY96 终于缓缓地靠近，奢华的气质和优雅的线条顿时让人们惊叹于它的魅力。蒙地卡罗游艇主席 Carla Demaria 女士在全新的 MCY96 上，向嘉宾致以谢意。

奢侈品思维：爱斯睿，艺术化的宇宙观

　　"全新的 MCY 96 代表了蒙地卡罗游艇系列以及公司价值的延续和创新。"Carla Demaria 女士表示，"在全球范围内的成功，以及市场对蒙地卡罗游艇 105 的喜爱令我们想要开发蒙地卡罗游艇 96，来为蒙地卡罗游艇打造一个新的标准，标志着公司超级游艇部门发展的新时代已经到来。"

◉ 2017 年 9 月，戛纳游艇节：MCY96 全球公开首发

　　9 月 12—17 日，全球最大的水上盛会戛纳游艇节在法国举行。蒙地卡罗游艇最新款 MCY96 进行了全球首发活动。此外还有全系列的豪华游艇在现场进行展示。

纳达尔参观蒙地卡罗 MCY96

9 月 15 日晚，蒙地卡罗游艇在戛纳游艇节的展位举办了私密酒会。这场酒会的明星有两个：一个是刚刚全球首发的蒙地卡罗游艇 MCY96，另一个是蒙地卡罗游艇 76 的船东，网坛名将纳达尔。

● **2018 年 1 月，杜塞尔多夫船展：MCY96 实船回归，闪耀亮相**

在经历了一年的成功之后，蒙地卡罗游艇 96 实船登陆了 2018 杜塞尔多夫游艇展，成为室内展会的最大豪华游艇之一。

意大利游艇 MCY 蒙地卡罗 MCY80 加勒比海假面舞会（2018）

多米尼加共和国的首都圣多明各（Santo Domingo）位于南部奥萨马河流入加勒比海的入海口，是南美洲最古老的城市。圣多明各林木苍郁，繁花吐艳，芳草如茵，是一座新旧交融而风光优美的海滨城市。蒙地卡罗游艇邀请 MCY 船东、当地名流、合作伙伴等嘉宾在当地举行了一场私人专属的假面舞会晚宴，MCY 80 更是来到现场助阵，点亮加勒比海夜空。

MCY 80 拥有与众不同的船身设计，媲美超级游艇的空间布局，奢华低调的内饰选材，无惧时光的卓然优雅，最快速度能够达到 31 节，标志性的前甲板休闲区则令人满心憧憬。假面舞会晚宴，则表达着 MCY 船主们有趣味的上流社会生活方式。

当晚出席晚宴的各界名流悉数登场，现场流光溢彩，觥筹交错，嘉宾们一边欣赏加勒比海的绝美风光以及精彩的当地歌舞表演，一边分享对于

奢华的真正定义。MCY 80 停靠在视线可及的海面上，天际间夕阳余晖留下的多彩线条，让 MCY 80 璀璨夺目，让人流连忘返。

法国帆船 BENETEAU 博纳多四峰赛（2020）

对比游艇悠闲的高级娱乐，帆船更多体现的是运动竞赛的激情。全球一线品牌博纳多（BENETEAU）自然不会错过借由冠名打造亚洲代表性的综合体育赛事来体现其帆船产品线的声望与形象。36 年来从未间断的博纳多四峰赛，考验参赛者的体能、航海技能和比赛战术。比赛期间，船上的水手将帆船行驶到指定水域，山跑队员通过橡皮筏上岸，向山顶前进。山跑队员需要征服香港四座地标性的山脉，即凤凰山（香港第二高峰）、马鞍山（或孖岗山）、山地塘以及紫罗兰山的攀登。所有团队必须在 36.5 个小时内完成比赛。2020 年合作的品牌公司有香港仔游艇俱乐部、法国博纳多帆船游艇品牌以及亚太区游艇经销商辛普森。

2020 年 1 月 11 日，130 名来自不同国家的选手组成了国际团队投入比赛，17 艘帆船从香港大潭湾出发，开启了"2020 博纳多四峰赛"的序幕。

选手中不乏跃跃欲试的首次参赛者、还有连续 16 年参赛的老选手、充满斗志誓要打破上届比赛纪录的船东、耐力超常的山跑队员，以及经验丰富的水手。

四峰赛有何魅力能让众多参赛者年复一年地持续参赛？四峰赛让参赛者在海上和山跑过程中发现香港不同寻常的美；将那些喜欢冒险和挑战的运动爱好者都集结在一起；让参赛者体验体能极限；让不同国籍的参赛者

　　　　　　　　　　　　　　奢侈品思维：爱斯睿，艺术化的宇宙观

发挥团队精神；迫使参赛者应对比赛各种突发状况；当然，最为重要的是，全力以赴，获取比赛胜利！而这，就是博纳多帆船想传达的竞赛激情。

法国公务机 DASSAULT FALCON 达索猎鹰
50 周年庆鸡尾酒会（2013）

作为奢侈品行业的第一梯队，私人飞机与游艇的合作是高处不胜寒的顶峰相见与惺惺相惜。高寒以外，"我"也很有趣。五十周年鸡尾酒会，没错，"我"很有趣，生日要开派对与名流一起分享快乐，因为"我"的中文名称有猎鹰，还要一只鹰进行表演让大家开心。而且"我"很高贵，只在游艇上举行派对，只有"我"邀请的客户朋友才来与"我"祝寿，从下午到午夜的狂欢。

英国游艇 PRINCESS 公主沙滩派对（2017）

2017 年 6 月 17 日，香港西贡区 Millionaires Beach 南风湾沙滩。

当大部分游艇品牌都在宣传自身的奢华贵族王室风范时，如何高级巧妙地脱颖而出？那便是宣传乐活的生活方式。试航出海，米其林私享午宴，水上玩乐，沙滩派对，高门槛精致又乐活的生活乃是品牌推崇的轻松自在的日常！

试航出海

私享午宴美食

水上玩乐

沙滩派对

高级而优雅，尊贵的体验感与上流社会有趣的生活，同时在前期精准邀请和后续跟进上内部发力促进销售营收，可谓奢侈品营销的"舞台姿态"，即高贵体面地销售。但若营销人员品位、素养、底蕴都没有积累，只记住上句话的文字，效果却往往走样，把贵族的姿态变成了土财主的样貌。比如有些品牌想打造自己为奢侈品牌，把夜店音乐热舞当成派对营销，或是为了晚宴的形式而晚宴，只会让真正的高净值客户嗤之以鼻，再也不回来。这就像舞台现场表演，非电影拍摄可以反复录制，而现场表演只有一次机会。

品牌资产的延伸

完成了品牌资产的塑造，品牌形象是否就定格了呢？一个奢侈品牌在它固有的领域内完成建立独特而强大的品牌资产，看起来好像是大功告成，法拉利制造汽车、宝格丽制造珠宝，然后还有什么要做的呢？然而事实证明，这是从零到一的起点，或者说从零到一万，因为要深入刻画主形象。但一万并不是尽头，众多奢侈品牌在深入刻画主形象资产后还会进行品牌延伸，就像舞台剧或电影中的人物形象，多角度描写人物才饱满。只不过，品牌资产延伸的驱动力不仅仅是为了更多方面地描述"我是谁"以使品牌资产与形象更饱满完整，更多是为了市场的扩张。

事实上，如今奢侈品市场的大部分品牌都走出了它们最初的领域。FENDI 最初是毛皮商，曾经的高级皮革商走向了制鞋和成衣（GUCCI，FERRAGAMO），珠宝商进军腕表与高级皮具（Cartier），水晶玻璃商进入珠宝界（LALIQUE）。一些经典的高级定制品牌下延走进成衣界又延展出配饰（CHANEL，DIOR）；一些品牌则恰恰相反，开启上延的发展（HERMÈS，LOUIS VUITTON）。

以高级成衣为例，高级成衣品牌在创造出极具盛名的一线品牌之后，经常会下延打造二三线品牌，风格每一层比上一层更年轻化，价格也比上一层更低，以此来接近更多人群。Giorgio Armani 创始了同名品牌 GIORGIO ARMANI 并将其打造成国际一线品牌之后做了什么？向上延伸的高定系列 ARMANI PRIVÉ，向下延伸的副线依次是 EMPORIO ARMANI，ARMANI JEANS，ARMANI EXCHANGE。DOLCE GABBANA 成功后引入 D&G，PRADA 之后发展副线 miumiu，等等。

除了核心业务的副线延伸，还有一系列的入门产品以及外围产品类别，从而逐渐让消费者进入核心业务圈消费。例如 ARMANI 香水、眼镜、护肤品、手表、皮具，甚至鲜花、巧克力、餐厅、手机、酒店和家居。Ferrari 运动装与休闲装、香水、皮具饰品、电脑，甚至在阿布扎比的主题公园。然而，过远的延伸造成的最大风险就是告别奢侈品牌，并且失去了定价力量，从而变成了时尚品牌。

奢侈品文化主要来源于法国与意大利，在品牌延伸策略上，法式与意式却是截然相反的策略。奢侈品策略应该传递独特稀缺的感受，法国品牌也因此很少有多条产品线延展，它们非常小心谨慎地保护它们的品牌形象与创造力，并且尊重奢侈品融合为一的策略。CHANEL 在瑞士自己的工厂制作手表，HERMÈS 在自己的工厂制作香水，所有的品牌在自己的店面里销售其品牌下所有的产品（香水、护肤品除外）。意大利品牌则采取相反的延伸策略，因此衍生出众多子品牌。ARMANI 有六个子品牌，每个子品牌有其自己的价格区间，有自己的店铺渠道与各自的竞争对手。

如今看来，意大利的延伸策略是有市场局限性的。首先，当市场趋势进入高奢与流行混搭的时候，比如 HERMÈS 的丝巾搭配 ZARA 牛仔裤，那么意式的二三线品牌的未来发展在哪里？要沦落成时尚品牌吗？其次，多线的品牌发展会稀释对每个子品牌线的投资，而每个子品牌都需要具体专属的投资才能成功。第三，社交网络上的宣传的分散性。ARMANI 是否需要开设六个公众号，每个品牌讲述一个独立的文化故事吗？

如图 5 所示，金字塔模型中的顶层即最初创立的奢侈品牌，例如服装领域的高级定制，讲求纯粹的创造力、高稀缺性，非常昂贵，建筑云端瑰丽的美梦，打造品牌神话与文化传奇，构建品牌权威性也是品牌的根本。由此下延走向小规模高门槛系列，例如一线品牌，然后稀释高奢创造力逐渐走向更广泛的受众，例如二线产品，价格也逐渐下降，并借助大量营销

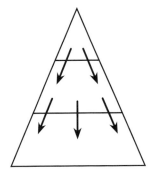

图 5　品牌资产延伸的两种模型：金字塔与星系模型　资料来源：爱斯睿营销咨询公司。

手段吸引广泛注意力。此后进一步市场扩张与下沉，逐渐进入大众视野。例如上文提到的 ARMANI。

　　与此同时，星系模型中，所有品牌产品线处于同一水平段位，而仅代表品牌不同的方面。彼此之间拥有相同程度的创造力、相同购买力的消费人群，共享一致的品牌灵魂及其文化。例如 BVLGARI 旗下的宝格丽珠宝、宝格丽腕表、宝格丽酒店。

　　金字塔模型对于很多品牌及投资方是巨大的诱惑，它通过更低成本的工业化实现快速利润增长：由于根源于最初奢侈品牌的灵魂养分，即便以较低的成本依然可以定价高位。由此延伸的手包香水可达 75% 左右的平均毛利率，而这种短期利润强烈吸引着资本市场。

　　然而金字塔模型下沉的短期高利润却冒着失去奢侈品牌定位品质的三大根基风险：失去创造力、失去卓越表现、失去高稀缺性。这会导致快速失去品牌价值魅力从而造成品牌损失，最终影响利润率。奢侈品是美梦，凡是美梦都有着精细脆弱的平衡。民主工业化缩短距离，而真正的奢侈意味着创造距离，主流客户也许并不表达这种需求，而精英客户需要被满足这种需求。

　　这也是为什么更为强大强势的奢侈品牌，不选择多层级金字塔模型依靠层级下沉变现的原因。它们拥有更长期的视野角度，尽力为长久的利益保全奢侈品牌资产与声誉。它们只发展很少的层级系列，所有的产品均拥有高创造力，只在品牌自己的店铺陈列销售，同时控制产量。

影响奢侈品牌资产延伸能否成功的要素

◎ 品牌越抽象概念化，品牌资产越可以延展

这也是为什么奢侈品牌与艺术紧密结合如此重要的原因。艺术赋予奢侈品牌概念与意识形态，从而品牌可以销售其独特的审美风格，而专属定义的审美风格可以应用于很多不同的类别。

◎ 品牌激发的愉悦感越高，品牌资产延展的能力越强

若以实用主义的功能性来评判商品的价值，那么品牌只能依据其功能进行延展。然而，奢侈品牌销售多重愉悦感以及身份象征的吸引力。这也就是为什么宝格丽（BVLGARI）可以延展出酒店。奢侈品牌传递它对愉悦以及风格有型的热情。

◎ 产品线延伸比品牌资产延伸更有可能毁坏品牌声誉

产品线延伸通常是品牌的核心业务的延伸，如服装品牌的一线二线三线，因为产品线延伸的目的是让品牌商标的受众范围更广，那么它的品质感自然会下降，因此会影响其原来奢侈品牌的品质感形象。

◎ 奢侈品牌不销售"生活方式"（lifestyle），而销售"风格"（style）

"生活方式"是一个被广泛应用于各个品牌资产延伸情况下的词汇，例如拉夫·劳伦（RALPH LAUREN）、汤米·希尔费格（TOMMY HILFIGER）、LACOSTE 进行品牌延展的时候都会以生活方式的延伸作为切入口。奢侈品牌不销售"生活方式"，宣传"生活方式"与打造经久流传的品牌相背离，那通常只是一个不长久的捷径。奢侈品牌销售"风格"：它们是创作者／所有者自身的独特个人品质的表达。ARMANI 旗下的家居线 ARMANI CASA 销售的不是家居产品本身，而是在阿玛尼先生独特眼光与品位下的定制的装饰服务。很多阿联酋国家的奢华平层物业都是用 ARMANI CASA 精装修的。

◎ 品质感

奢侈藏在细节中。整个品牌公司内外均沉迷在独特文化理念中，才能传递卓越的品质感。

如何构建品牌资产延伸

如若真的确定要进行品牌资产延伸，而不仅仅是专注核心业务品类产品线，那究竟该从哪里入手呢？首先，便是策略定位，因为品牌延伸本身并不是终点。开始前，需要问问自己对品牌建设的长期构想，然后才是一步步实现它。你必须知道，品牌延伸将从原始品牌借用什么资产，并回馈原品牌什么，以及品牌延伸的基础目标是什么？品牌知名度还是忠诚度？还是主品牌业务的销售导流端口？

其次，要深挖品牌渊源、材质、历史、文化、传统、风格审美都有什么与众不同的独到之处？

第三，与原品牌形象身份特质以及奢侈品牌的段位保持一脉相承。这也是为什么在进行品牌资产延伸之前，深入理解品牌内核尤为重要，尤其是文化理念与风格。核心的身份识别必须被尊重，而不是被埋藏而不清不楚。同时下述几个基础问题要很清晰：新品类是否与品牌形象兼容？如果答案是肯定的，我们是否可以在传承品牌格调的基础上，很有创意地强化并突出新品类？新的资产延伸是否会拓展出新的渠道？新的渠道是否会改变品牌原有的身份状态？例如，路易威登（LOUIS VUITTON）没有香水，它的箱包产品只在其品牌店里销售。销售香水需要延展销售渠道，例如丝芙兰（SEPHORA），而这种延展与品牌的长期策略相违背，因此路易威登（LOUIS VUITTON）香水最终只能同箱包一样在自身店铺销售，以保持它的奢侈品形象定位。

第四，风险评估例如SWOT分析，毕竟不是所有品牌延伸都可以成功。尤其奢侈品牌，很容易借用了原始奢侈品牌的品牌资产，却没有再创造出新的价值，反而稀释了创造力，降低了对渠道、宣传的控制力。

万宝龙（MONT BLANC）：品牌资产延伸带来的增长

万宝龙是一个典型的品牌资产延伸的成功案例。

在最初的定位策略方面，仅仅销售钢笔可以有未来吗？在过去书写是一门艺术的年代里，钢笔很珍贵奢华，然而后来人们都在发电子邮件或者用手机传送信息。品牌资产延伸势在必行，万宝龙需要其他品类产品提高它的吸引力并仍然与消费者保持联系，同时也需要在女性消费者中提升品牌价值，并增强所有消费者的活跃度与黏性，并且，发展代表其自身品位的渠道。最终，万宝龙（MONT BLANC）延展了一系列盈利的不同种类产品。其延展过程可总结为三步：

◎ 理解品牌核心特质，尤其是品牌灵魂文化理念。

◎ 在制造和市场方面同步推进拓展潜在机会。

◎ 所有产品保持奢侈品牌的形象定位并共有同一个品牌灵魂。

拉开品牌资产延伸序幕的，是深入识别品牌身份灵魂。万宝龙（MONT BLANC）是什么？究竟是什么构成了它的身份特质？如果品牌拥有独特的身份特质，特质会穿越历史长河依然存在，并可以在品牌的产品或者营销行为中发现其成功的原因。Meisterstuck 钢笔上方的星星代表什么？为什么品牌选用黑色作为代表色？为什么是钢笔？万宝龙（MONT BLANC）的名字有什么独特的含义？为什么拿出一支万宝龙（MONT BLANC）的意义远远超过拿出一支钢笔？

延伸品牌资产，不妨从标志性产品 Meisterstuck 钢笔代表的含义开始，以及为什么品牌的标志产品是钢笔。钢笔，小尺寸的，私人的，与拥有者保持物理关联：亲密地放入胸前口袋或外衣内侧，在签字时刻拿出来，体现拥有者真实一面（字迹）的工具。钢笔本作为书写的象征，而它的文化属性升级到了人文、文学、古典艺术的层面。黑白相间的标识，就像晚宴的正装，正式而气质高贵。法语中的万宝龙"MONT BLANC"意为白色之山，又译勃朗峰或白朗峰，是阿尔卑斯山的最高峰，位于法国上萨瓦省和意大利瓦莱达奥斯塔的交界处，是西欧的最高峰。

结合图 5 的星系模型，奢侈品牌的延伸必须以一种同心的方式来构思。万宝龙（MONT BLANC）由近到远的资产延伸即为：由品牌的原型产品钢笔为核心，它的第一层产品是围绕书写的其他个人物品如皮革公文包、文件夹、办公室笔记本，万宝龙（MONT BLANC）提供了一整套的办公商品；稍远一些的第二层，同时依然紧密关连万宝龙（MONT BLANC）品牌特质，表达物理层面亲密的个人小物品如袖扣、钱包、手机皮套等；第三层，男士女士的腕表珠宝；第四层，香水。每一层延伸都紧密关联其品牌特质并拥有相同的标识，宣传层面又与世界范围内艺术及与电影明星相连，强化其艺术文化内涵，同时扩大了市场，实乃品牌资产延伸的典范。

反常态的奢侈品牌营销军规

奢侈首先是一种社会姿态。现在应该清楚的是，在管理一个奢侈品牌时，有必要忘记相当多的传统营销法则，那些法则很可能适用于普通品牌、高档品牌甚至是高端品牌，但不适用于奢侈品牌。毕竟，大众营销的起点是"定位"，而奢侈品没有定位，而是建立引发狂热追随的品牌灵魂。那么奢侈品牌营销的 22 条新军规是什么？

1. 忘记"定位"，奢侈品独一无二，无法被比较，只有"品牌灵魂"

在消费品市场，每一个品牌策略的核心与基础是定位。每一个品牌基于市场定位来呈现它的产品、服务、价格、渠道与宣传方式。然而这在奢侈品行业却是此路不通甚至完全相反。奢侈品牌不需要迎合满足消费者去"定位"，也不需要和竞争者比较，它有的是它独特的品牌个性，即创始人的灵魂世界认知的最美品质，无论这份美是优雅是毁灭还是特立独行，只有外行人才会将它们统称为"奢华"。

奢侈品牌是品位与创造力的表达，是创始人的内心热忱，是美学思想外部的呈现与识别。它强烈表明"我是谁"，而不是"依据对方的审美偏好而改变调整自己"。这种品牌个性识别，给了品牌一种强而有力的关于独特、关于永恒的感觉。香奈儿（CHANEL）是一种身份与个性识别，而非定位而来的品牌名称。身份个性识别是一个整体的概念，不可切分，也不可妥协。

2. 你的产品足够白璧微瑕吗？没有瑕疵的是工业产品而非奢侈品

这是一个有争议性的话题，在大多数人眼中，奢侈品意味着卓越完美，是价格昂贵与性能卓越二者兼具的产品。奢侈品当然是完美的，而这里所说的"完美"指的是足够满足消费者使用舒适度，以及足够精准无误。

还记得第一章"奢侈与高级"中的雷克萨斯（LEXUS）与法拉利（Ferrari）的对比吗？雷克萨斯（LEXUS）追求客户满意度中的完美无瑕疵，但是雷克萨斯（LEXUS）不是奢侈品。相对的，法拉利（Ferrari）是完美的车吗？任何一个驾驶法拉利的人都知道它并不"完美"，但是它的所谓脆弱之处却是它所具魅力的一部分，比如这动力宛如机械猛兽的跑车并不容易驾驭。你需要学习如何驾驶，接受并欣赏它的奇妙之处，还有它热烈独特的品牌灵魂。

高级（Premium）与高端（Upper range）品牌追求准确无误没有瑕疵的产品，是外在的完美。奢侈品牌更追寻内心的完美，甚至一种极致的狂热，更在乎产品是否完全地体现了它的品牌灵魂与创造力。例如HERMÈS的手表，指针刻度只有3、6、9、12，那么指向的时间自然无法精准到每分每秒，然而它的设计展现了它的创造力。

3. 不要迎合客户的愿望，而引发狂热追随

在传统消费品市场，顾客是上帝。P&G 公司的市场定位不仅仅是一类人群市场，也不仅仅提供一类产品，而是把消费者的需求当作整个商业的中心，依据不同的需求开发不同的产品，并传送至全球各地。然而对于奢侈品牌而言，作为中心的不是消费者的需求，而是创作者的心智创造力与长期视野。

奢侈品与顾客的关系在 19 世纪的时候最为典型。 历史上，奢侈品是天才艺术家的作品，以独特的设计、瑰丽的灵感、精致稀缺的材质、迷人的象征含义、卓越的品质，为客户量身定制。那些城堡与私人别墅就是这样定制建立的。艺术家们及其作品广为人知，艺术家们却没有得到很高的声名威望。在法国，18 世纪末"模特 / 样板间"的想法改变了这一切，艺术家与客户的关系不再是艺术家拜访客户，而是通过"模特 / 样板间"的魅力引发客户来拜访设计师或艺术家，观看他们的最新作品。在当今，顶级奢侈品的设计师被膜拜到了大师与神的地步，他们的美学思想、创作灵感都是大众跟随崇拜的光明，如此可见一斑。

4. 专注核心受众，保持品牌灵魂

在传统消费品市场，销售增长是衡量品牌成功最重要的指标。产品无所谓同质化，如果产品相似，通过价格竞争抢夺消费者就好了，甚至开发靠近竞争对手产品的新产品抢夺客户， 或者城市渠道的向下下沉，让更多的人购买使用。专属于某一类特定人群吗？当然不，目标是人人购买人人拥有。购买力不同，那么就开发不同的高配版和低配版，尽可能覆盖占有更多市场，通过更多销售，获得更多营收。

然而在奢侈品行业，保持自身的品牌灵魂是第一位的，同质化与相关相似性会降低品牌价值。那不仅会使品牌失去独特性，被更广泛人群认知与拥有也腐蚀了精英人群的梦想与其象征意义，使之流于普通，失去市场的认可与受众的追捧，最终失去营收。奢侈品不会为了满足所有人的需求而降低自身的品牌价值，不会为了覆盖大众市场而降低价格，更不会为了市场下沉去稀释自身的高稀缺、高价值与创造力，否则它们就会被赶离奢侈品行业。

5. 不回应不断增长的需求产量

如果说销售增长是传统消费品市场衡量品牌成功最重要的指标，那么市场上的需求产量则是求之不得的事情，是主要的商业目标。传统消费品市场通过不断扩张的渠道建设提升可见度，线上线下随处可买，进而获得市场占有率。如此的体量，即便边际利润很少，依然可以赚钱。如果市场需求上升了，那么供给一定也会随之跟上。供给产量若不满足上升的需求量，渠道商会埋怨货源不足影响销售业绩，消费者也会不开心其购物体验不好，以至质疑厂商能力，影响品牌形象与口碑。

而奢侈品行业，比如法拉利，每年控制产量不超过6000台。法拉利销售的不仅仅是产品，而是"高稀缺"的价值感。长此以往，消费者理解产品的高稀缺性并做好等待的准备。控制产量，并不是对销量产生悲观估计，而是一种精明的销售策略。了解并渴望奢侈品牌产品的人数一定远远大于实际购买的人数，才能让其位列云端。

当然奢侈品牌也需要销售增长，那怎么办呢？如果你是地区性奢侈品牌，全球化则是你的扩张之路，而且还不会有破坏华美的品牌价值的风险。例如欧洲品牌进入美国市场、亚太市场等。如果你已经是一个全球性的奢侈品牌，那么确实有一个天花板：要么遵循奢侈品策略控制产量，并提升产品的平均价格；要么离开奢侈品市场，遵循时尚品牌或者高级品牌的原则进行下沉扩张。

6. 主导顾客，如表现艺术作品一样的精神引领

奢侈品是精英制度社会的产物，曾经是贵族的排他性专属特权，如今是社会分层的标识。所有人都希望提升所处的社会层级，奢侈品则成为身份象征以及自我奖励。为了保持这份象征意义，奢侈品牌必须主导客户。这并不是表示不尊重客户，就像父母主导孩子，并不是父母不尊重孩子。如果品牌与客户的关系是"平等的好朋友"，奢侈品牌就会失去它的光环。保持距离不是高冷傲慢，而是维持精英制度下的品牌光环。

同时，奢侈品是文化与品位领域的产物。即使富裕人群不知道属于他自己的奢侈文化符号是什么，他也可以从众多奢侈品牌中选中他最满意的。奢侈品牌在此过程中充当品位的顾问角色，教育者与社会指导的角色。在

这个意义上，奢侈品牌依然需要主导顾客，以及社会品位的走向。

7. 提高购买门槛，饥渴营销，展现高稀缺高价值

拥有奢侈品牌是一件需要"赢得"的事情，越难获得，越激发渴望。奢侈品不像大众商品随处可得，而需要花时间搜索查询，等待生产，等待配送交货……然而这些必要的障碍物的建立，例如财务压力、文化壁垒（你需要欣赏，懂得如何享用）、渠道壁垒（找到店铺经销商）、时间障碍（等一辆法拉利两年），激发并保持了顾客对它的渴望，顾客通过一系列障碍最终获得拥有奢侈品的快乐。

同时，奢侈品控制产量与现货量，这份高稀缺的属性也提升了顾客对商品的渴望。建立即时消费的障碍，等待奢侈品的到来是渠道必要的策略。时间，是奢侈品的另一个重要的维度。

8. 区分并保护你真正的客户

奢侈品讲究精准营销与高品质的客户关系管理。比起传统消费品市场庞大的受众人群，奢侈品牌只在目标客户出现的地方进行精准营销。同样的，试航试驾、鸡尾酒会晚宴、增值权益、限时优惠等高品质的客户关系管理项目也只面向已购客户，或者精准邀请来的潜在客户，而不是面对大众市场进行大数法则的批量筛选。这是对客户的保护，也是对品牌价值的保护。

9. 广告并不是为了促销，而是传递表达品牌个性

不同于大众广告内容上标明的促销价或者具体讲明使用流程，奢侈品牌的广告永远像充满艺术感的电影短片，或者概念抽象，或者营造一个华美的梦境。即使是进行线下活动宣传的时候，现场展露出来的品牌产品信息也是品牌历史、设计理念、品牌文化传奇，并搭建一个美轮美奂的场景，

使受邀客户融入品牌产品所代表的风格或者生活中。

广而告知的从来不是这个产品的参数属性价格，而是描绘品牌灵魂，吸引受众一同去感受品牌的文化魅力，继而爱上它的一切产品。如同儿童爱上童话喜欢听故事从而爱上文学，或者儿童感受音乐的魅力从而走上音乐之路。奢侈品牌的广告希冀受众爱上它的品牌灵魂所传达出的艺术美学，从而像绘画者追逐达·芬奇、拉斐尔一样，像作曲家追逐莫扎特、肖邦一样，狂热地喜欢，然后购买周边的一切。

10. 与非目标受众同样沟通，打造仰望的目标感与升级后的购买欲望

奢侈品牌的事件营销项目只精准针对高净值群体受众，相比之下宣传的受众范围则更加宽泛。例如几十元一本的时尚杂志上就可以看到奢侈品牌的广告和宣传软文，汽车网站更是遍布超级跑车的图片与文字介绍，当然介绍的口吻依然是久负盛名的高贵。在奢侈品行业，品牌的知名度是很重要的，品牌需要人们提起品牌的时候是高贵而久负盛名的，拥有一种被仰望的华丽。如果一个品牌没有知名度，除了极其小众的游艇帆船公务机，则会被认为只是独立设计师品牌。即便是游艇帆船公务机的品牌，在高净值群体的社交圈里也是常识，如同大众提到咖啡馆都知道星巴克一样。

除了打造仰望感的知名度，培养消费升级后的购买欲望也是宣传的暗线目标。"我的工作就是让这个国家所有 18 岁以上的人都决定，等我富裕后要买法拉利。"法拉利高管曾说道。明星的座驾，电影中拉风的镜头，都是打造仰望的目标感的方法，培养消费升级后的购买欲望。

11. 设想的价格应一直高于实际价格，因为奢侈品是艺术与梦想

现在我们知道了奢侈品牌的广告只展示产品本身及其所代表的精神世

界，没有任何的产品参数介绍与价格。在奢侈品行业，价格通常是不被提到的事情。这是一定的，是必要的优雅。当你在高级餐厅用餐时，你会基于菜品价格点菜吗？甚至在一些顶级餐厅，菜单都不显示价格。

作为奢侈品行业一般规则，奢侈品的想象价格应该并且在现实中也总是高于实际的销售价格。这与传统市场的价格策略截然相反。大众市场的商品广告都是以明确的最低价吸引顾客，然后不断添加配件或者性能升级来提高价格，最终成交的价格全部都高于广告中提到的最低价。

奢侈品牌的广告与营销事件打造高贵瑰丽的梦境，仿若云端的美好，这份瑰丽美梦的高级美感提升了品牌价值与无形资产，使众人设想产品的价格将何其昂贵。比如某人配戴一块百达翡丽的手表，周围所有人都或多或少知道手表的大概价格或者价格范围，但是都会倾向猜测这块手表是他们所认为价格的上线价格，奢侈品牌的光环效应无形之中也提升了佩戴者的身份。无独有偶，赠送某人奢侈品礼物，由于接受者高估了价格而更加感受到赠送者的心意。而且，不同于大众市场品牌广告展示的最低价产品，奢侈品牌广告展示的通常是最昂贵的产品系列。种种所有，究其根本，因为奢侈品牌销售的不是产品本身，而是艺术与梦想。顶尖华丽的美梦是无价的或者是天价的，购买的时候发现，实际价格却是如此平易近人，远远低于想象中的天价，也会让消费者深感"值得"。因此，广告与营销的功力与艺术创造力，对比其他任何行业，也显得尤为重要。

12. 奢侈品决定价格，价格却无法定义奢侈品

在大众市场，价格区分商品。奢侈品行业里，金钱却从来不是商品分层或者分类的优秀方式。这种反市场行为的本质是，奢侈品市场是以供给为导向的市场，大众市场恰恰与之相反，是需求导向的市场。在奢侈品市场，创造力是一切的源头。首先创造一个产品，然后再去为这份创造力定价。这个商品越被客户感知是奢侈品，定价越高。这与大众市场的定价逻辑完全相反：为新产品寻找价格区间。即先有价格区间，然后才有新产品。

　　　　　　　　　　　　　　　　　　　奢侈品思维：爱斯睿，艺术化的宇宙观

13. 随时间提高价格，从而提高需求

经济学中的标准供需关系模型：价格下降，需求上升。奢侈品行业中的供需关系则全然相反：价格上升，需求上升。

19 世纪 50 年代，库克香槟（KRUG）是一家小型香槟酿酒厂，出品的香槟有着卓越的声誉，广受当时明星艺人的喜爱，在英国大受欢迎。19 世纪 50 年代后期，酩悦香槟（MOET & CHANDON）发现库克香槟（KRUG）限制其产量（保证产品稀缺性），于是推出了三倍于库克香槟（KRUG）价格的、至今响当当的唐培里侬香槟王（Dom Perignon）。为了快速打造标志性顶尖香槟，Dom Perignon 的产量由英国女王调配，并且在 1961 年第一部 007 电影中，詹姆斯·邦德（James Bond）只喝唐培里侬香槟王（Dom Perignon）。

库克香槟（KRUG）该如何应对使其回归顶尖香槟的位置？什么都不做，让产品自证它的卓越？还是模仿唐培里侬香槟王（Dom Perignon）改良自身与其竞争？对于一个存在 160 年的传承五代的家族品牌来说，似乎都是不可能的。库克香槟（KRUG）的策略大胆绝妙：不再生产一款特别的佳酿配以顶级香槟合理的价格，而是从最低价格系列产品开始，大幅度提高整个产品线的价格。10 年以内的香槟从 19 美元提升到 100 美元一瓶。同时，打造一款高稀缺的产品 Clos du Mesnil，这款香槟需要花 10 年酿成，包括土地准备、丰收以及年份酝酿，如今一瓶 Clos du Mesnil 达到 800 美元一瓶。

库克香槟（KRUG）的复活是奢侈品反常态营销的优秀案例，当涉及奢侈品，价格只是一个技术细节。如果价格遵循经典的"价格下降—需求上升"的供需关系模型，那便不再是奢侈品。提升价格，当然需伴随同步投资升级品质与营销宣传，品牌才可以一直停留在奢侈品世界。

奢侈品是超越非奢侈品的，在任何维度都不接受"被比较"，是唯一的最高级。提升价格失去了一些边缘客户，却吸引了曾经不会看第二眼的客户。另外，系统化的全线提升价格带给整个公司一份责任。由于价格是整体产品品质的外显，公司上下每一个人都将为客户持续创造新价值，使产品内部拥有深刻的革新升级，这才是提升价格的全部意义。

14. 保持产品线的平均价格的增长，因为真正的奢侈品随时间增值

在传统市场，以一个高位价格发布一个新产品，当竞争出现时，品牌会选择降价。在奢侈品行业则是与之相反。奢侈品牌不会选择降价，它必须被持续看作是拉开差距、重新分层的精英制度产物。

如果一个奢侈品牌自身不能实现数量和利润的增长，只能推出价格可被接受的产品，那么它就不再是奢侈品市场的一部分。例如梅赛德斯公司推出了它的顶尖品牌迈巴赫（MAYBACH），这个动作表明，Mercedes奔驰从现在开始是常规的高级轿车，不再是奢侈品产品线，奢侈品产品线是迈巴赫（MAYBACH）。

这意味着，虽然为了新客户的利益，推出一些入门产品可能是必要的，但拥有一个奢侈品牌意味着眼光审美的永久转变。奢侈品牌的增长并不依赖于追逐那些不那么富有的客户，而是依赖于利用全球经济增长的机会。全球经济增长正在世界各地创造出成千上万的新富豪和超级富豪，而这些富豪正在寻找奖赏自己的方式（通过产品）或者身份（通过品牌）作为进入"俱乐部"的通道。他们不想和不同段位的人群混在一起，即便是千万级跑车车主也不想和百万级跑车车主一起玩车。这也是为什么产品线的平均价格需要持续上升的原因，当然同时也升级产品和服务的价值。

15. 从不销售，而只是吸引

这绝不是傲慢。在奢侈品行业，与客户的关系管理中最重要的准则便是不要强势销售，那很不优雅，会失去品牌的尊贵。对客户讲述品牌故事、产品故事，搭建一个美轮美奂的场景，使受邀客户融入品牌产品所代表的生活，已经足够。

这也是为什么营销与品牌推广在奢侈品行业如此重要的原因。金融行业销售部是核心部门，市场部配合销售准备物料与活动，而制造业市场尤

其是奢侈品市场，市场部是核心部门，销售部则是顺从市场部的营销策略与项目自然销售。这也是为什么奢侈品的营销项目总是优雅地打造美梦，"你若盛开，蝴蝶自来"，营销项目要做的便是表达花朵怒放的姿态，呈现绽放的光芒，吸引顾客主动寻找购买。

16. 请明星远离你的广告，因为明星无法代表品牌的美学与精神世界

传统营销中，品牌宣传请明星代言是很常见的事，同时也是很有效的事情，明星效应带动销量。然而宣传奢侈品牌产品的时候，启用明星是一件很危险的事情。上述提到，奢侈品牌与客户之间典型的关系是，尊重客户的同时主导客户，哪怕是最有名气的客户。启用明星宣传奢侈品牌，无异于在昭告天下这个品牌要指望明星的声望才能存活下去。对于奢侈品牌来说，这是非常打脸的错误。即便是高级时装（High Fashion）品牌也只是宣传哪个明星在何种场合穿了自己品牌的衣饰，但不会请明星来代言。对于顶级奢侈品牌来讲，没有一个演艺娱乐明星可以代表并传递它瑰丽的品牌文化灵魂。奢侈品牌主导客户，邀请明星参加活动，明星只是品牌年度宣传计划某一项目中的某一部分。

除此之外，明星往往多重代言，其他代言的品牌形象也会产生相互影响。同时，明星身处舆论中心，一旦绯闻或污点缠身，会严重摧毁品牌形象。对于位于金字塔尖的奢侈品牌来说，高贵是任何情况都不能受影响的。

17. 靠近原创艺术，真正的奢侈品是高创造力的

传统大众营销中，品牌试图吸引顾客并创造情感关系，因此常常借助音乐的力量，毕竟音乐是大众流行化的载体，广受人们喜爱。品牌跟随群众的品位。奢侈品牌却不是大众品位的跟随者，如艺术一样，是品位的宣传者，富有创造力与大胆先锋精神，前文也详细论述了奢侈与艺术的紧密关联。这也是为什么奢侈品牌经常与高雅艺术紧密合作的原因，这同样会吸引并引领它们的受

众，如原创绘画、芭蕾舞、音乐会、歌剧、先锋建筑设计，等等。

路易威登（LOUIS VUITTON）赞助原创音乐会，合作钢琴家毛里奇奥·波里尼（Maurizio Pollini）在法国罗瑶蒙修道院（Abbaye de Royaumont）演奏原创作品。LVMH 集团掌门人贝尔纳·阿尔诺（Bernard Arnault）夫妇及儿子弗雷德里克·阿尔诺（Frederic Arnault），与小提琴家弗拉基米尔·斯皮瓦科夫（Vladimir Spivakov），以及俄罗斯国家交响乐团（Orchestre National Philarmonique de Russie）同台演出莫扎特 F 大调第七号钢琴协奏曲。通过赞助合作艺术表演活动，奢侈品牌与高雅艺术形成一种共生关系，从而表达奢侈品牌的高创造力与艺术性。这也是为什么奢侈品的商业行为与艺术密切相关，并鼓励从业者经常参观画廊、出入剧场，获取灵感，提升审美感知，从而更好地推广品牌。

18. 不要搬迁你的工厂，保持品牌灵魂的原汁原味

在传统大众消费品市场以及时尚行业，降低成本至关重要，这也经常意味着搬迁工厂。奢侈品管理却不采取这种策略。当人们购买奢侈品，人们购买的是根植于制造商原汁原味的当地文化，包括所在土地的文化灵魂。保持原有工厂增加了作为奢侈品的感知价值。

宝马（BMW）除了入门级的 3 系以及 MINI 在英国生产，其余全部车型在德国制造生产。保持其车型和发动机的生产在德国是其品牌标识的核心：每一辆宝马都是正宗的德国文化产品。除此之外，在德国生产它们是完全可行的，将任何额外的成本转嫁给客户没有任何困难。另一方面，宝马（BMW）的 3 系在美国与泰国也有制造工厂，这些搬迁工厂生产的产品在顾客眼中不再是宝马真正的核心产品，而是被当作其入门级产品。购买入门产品的顾客，依然希望待到其购买力提高之后，拥有真正的德国制造的宝马（BMW）。

保持原有工厂同样也是保有原创力的表现。当你不再使用原有制造工坊，带给外界的印象是创造力垂直下降，因为你失去了与原材料的接触以及将其升华成奢侈品的工作方式。一旦迁移时装品牌的高级成衣生产地，

高级定制业务将逐渐下滑。然而另一方面，如若搬迁至中国，则会带动其高级定制业务在中国的发展，毕竟中国有着千年的奢华服饰历史，可追溯到从王宫朝服到千年前的高品质丝绸。

一旦"不可搬迁工厂"这项法则被忽略或废除，这将意味着品牌从奢侈品牌商业模型（Luxury Business Model）下降到时尚品牌商业模型（Fashion Business Model）或者高级品牌商业模型（Premium Business Model）。普拉达（PRADA）于 2011 年 6 月宣布将部分生产工艺搬迁至中国，这恰好与其在香港上市的日期一致。博柏利（BURBERRY）多年前在关闭其历史悠久的英国 Trench 工厂之前，也曾采取过相同措施，不过博柏利（BURBERRY）选择成为时尚零售商而不是奢侈品牌已经是公开的秘密。只有一种情况下搬迁工厂是必要的：为了获得稀有罕见的工艺。

另外的两个原因，其一是有时公司想进入受到保护的新市场，例如为了减税。如果保时捷卡宴（Cayenne Porsche）在印度制造，进口税将由 110% 降低到 40%。第二个原因是为了进入新国家的精英阶层。为什么奥迪（Audi）在中国的销售业绩如此优秀？因为政府官员购买本国制造的轿车。由于奥迪开始在中国的大众汽车厂生产，一些奥迪车型与大众车型共用一个制造平台，中国的政治领导们可以购买奥迪汽车。他们不能买奔驰或宝马。

不过上述两种原因对于奢侈品牌来说是不成立的。保时捷（PORSCHE）并不在印度生产卡宴（Cayenne）系列，奥迪（Audi）在中国也并不采取奢侈品牌商业策略，而是高级（Premium）品牌，作为大众汽车（Volksvagen）的高端产品线出现。

19. 不要测试，因为不需要迎合

奢侈品公司从来不在消费者中间进行产品测试与调查，如果公司进行测试，那么它是信誉卓著的大众市场品牌公司（Mass-prestige Company）。蔻驰（COACH）像传统大众公司一样进行大量营销测试，事实上它 80% 的新产品都进行过市场测试，然而路易威登（LOUIS VUITTON）、香奈儿

（CHANEL）或者爱马仕（HERMÈS）从不进行市场测试。市场测试意味着奢侈品牌的决策取决于大众的品位，而这是不可能的。快速消费品（FMCG, fast-moving consumer goods）公司凭借解决消费者的问题而茁壮成长，它们需要了解当前的市场问题是什么，当前的广告是否有效地展示出产品如何解决问题。信誉卓著的大众市场品牌公司（Mass-prestige Company）如SK II以及芝华士（CHIVAS）也都会做测试。它们的目标都是快速获得销售业绩。。

奢侈品牌的目标更加深远广博一些。它们是品位的教育者。它们建立明日的经典，而不是专注转瞬即逝的今日流行。明日的经典并不以今日的偏好作为依据。奢侈品的先锋派地位得到了加强，因为它传递的信息是神秘的，不容易理解。艺术也是如此。一个大众品牌总是会检查它选择的音乐是否被目标客户喜欢，而奢侈品牌的目标是将品牌本身作为核心地位，以此为基础获得定价权，塑造精英的品位。

20. 独立于集团协同策略

实现协同作用，通常是集团运作中提升品牌净值最显著的规则之一。然而，正如福特（Ford）在收购捷豹（JAGUAR）时所发现的那样，在奢侈品领域，这是摧毁该品牌梦想的最佳方式。为了省下些许成本，你却失去了定价权，而定价权是奢侈品战略的最重要的一点。这在奢侈品市场是众所周知的，正如被集团公司收购的许多奢侈品牌所证明的那样，这些品牌几乎都被旨在快速改善净财务业绩的过于强大的协同效应实施中扼杀。

这不仅发生于奢侈品市场，也同样发生在每一次一家因为奢侈品战略而非常成功的公司，被完全不了解这一战略的集团收购的时候。戴尔（Dell）在2006年收购Alienware时就遇到了这种情况。Alienware于1996年在美国迈阿密成立，得益于奢侈品策略（Luxury Strategy）的实施，是高端游戏笔记本电脑和台式机销售的成功案例。在2005年的时候，Alienware的净利润高达1.7亿美元。为了提高本就已经强劲的利润，戴尔决定降低成本。Alienware原本选用所有供应商中最好的材料，无论成本如何，只要适合自己的产品。同时品牌与顾客之间建立热络的一对一关系，并从不打折。为了实现"集团协同效应"，戴尔（Dell）取消了 Alienware 与高端供应商的所有协议，将生产迁至波兰，签订了新的分销协议，并在官方网站上提供折扣。如今 Alienware 只是一个高端品牌（Premium, not Luxury），失去了它的光环和它的定价能力。这也是为什么奢侈品集团例如 LVMH 尽可能保持旗下品牌独立的原因。

21. 不要追求低成本，奢侈品是高品质商品

创造价值是奢侈品行业的座右铭。这份价值的创造绝对不能从削减成本而来，而要从增加价值而来。然而，仅仅有创造力不足够支撑系统性的价格上升，系统性涨价是奢侈品行业的不可忽视的关键问题。在低成本行业，你需要巨大的商业创造力来降低成本：发明新的商业模型，并以比竞争对手低得多的价格销售，实现盈利，这是首席执行官（CEO）的工作。在时尚行业，你需要巨大的创造力才能保持同样的价格，这是设计师的工作。

而在奢侈品行业，你必须让整个公司都参与到价值创造的过程之中。奢侈品价值的创造并不仅仅依靠一个创造者的才能，而是依靠公司的每一个员工。例如生产人员，很多新想法都是在生产制造过程中产生的。这也是为什么奢侈品公司必须自己制造商品并且不要迁址的原因，创作团队与生产工匠共生共存。再比如销售人员，从客户处带来新想法，新想法并不是迎合他们的愿望，而是理解他们的梦想。这也是为什么奢侈品公司要拥有自己的销售团队并且本土化，与顾客拥有共同的文化、共同的语言，以更好地交流。当然，不可或缺的，还有高级管理人员。

22. 互联网不是作为销售工具，而是提升效率的服务工具

网络销售是日渐流行甚至寻常的事情，没有线上销售渠道如今已经被认

为是很怪异的事情了。然而，运营奢侈（Luxury）、时尚（Fashion）和高级（Premium）品牌之间的战略是有区别的。互联网销售很适合时尚（Fashion）品牌和高级（Premium）品牌，但不适合奢侈（Luxury）品牌。

数字交易中的即时性、可用性、可访问性、价格降低、服务自动化、大众批量采买，对于奢侈品牌来说，都是减分项。购买奢侈品需要时间和努力；需要真实的价格，不需要在过高的价格上打折；需要与销售人员建立一对一的关系，而不是与机器建立关系；需要相同群体之间的归属感，而不是成为一个匿名群体的一部分。互联网可以作为现有客户的一种补充服务，也可以作为对于潜在新客户进行品牌与产品渗透的启动，但它不能用作销售工具，除非是入门级配饰产品。这也是为什么顶级奢侈品例如帆船游艇、公务机直升机、超级跑车、高级家居、高级珠宝从不入驻京东天猫亚马逊的原因。

除此之外，顶级奢侈品产业链结构复杂，并不像服装品牌那样只是制造商直营——市场推广、销售环节以及售后服务全部由品牌制造商管理。奢侈品行业讲究服务的细致入微与各司其职，品牌制造商只负责产品生产与品牌推广，销售环节由各区域经销商负责，售后环节即娱乐运营环节则涉及游艇俱乐部、飞机的地面运营商等，交易环节还涉及银行的融资租赁。产业链结构的精细复杂，除非深入奢侈品产业链数十年否则不得而知，更不能简单粗暴地直接通过互联网售卖，否则售卖的对方具体是谁呢？

更重要的，奢侈品讲究品牌形象与格调段位。不仅仅消费者需要相同人群的归属感，品牌也需要相同段位品牌群体的归属感。这也是奢侈品不选择大众电商平台的原因。兰博基尼不可以与牙膏同时出现在一个销售平台，哪怕是兰博基尼与中档箱包。

然而另一方面，顶级奢侈品的交易复杂而耗时，它们需要数字化产品提升整体产业链条的运营效率，系统化地将产业链各结构单元聚拢在一起并各司其职，同时只面对高净值消费群体，并满足高净值客户群体的定制需求。作为一种高门槛高效率的服务工具，而不是销售工具，只有这种互联网产品才备受奢侈品行业的众多商业单元与高净值客户的共同欢迎。

例如 Jetsmarter，专注高净值客户对于公务机领域的需求。高净值客户对公务机的需求超过大众的想象：买卖、包机、租赁，高净值客户随时随地预约飞机出行，就像大众群体随时随地呼叫网约车一样普遍。Jetsmarter 是一款 App，无缝连接高净值旅客与私人飞机，提供私人飞机航班即时报价，通过降低入门价格提升公务机品牌曝光率，省去预定飞机的中间商从而节省时间，使公务机出行流行化。B 轮融资 2000 万美金，分别来自沙特皇室成员、流行巨星 Jay Z、伦敦私募股权基金、高净值人群、家族基金，以及高盛集团与 Twitter 的高管。2017 年的又一轮 1.05 亿美元融资，估值 15 亿。

例如爱斯睿的 A.S.Ray Intelligence 睿卿（曾用名 iWANNA），专注于高净值客户对全球范围顶级奢侈品圈层需求的一款 App。睿卿连接顶级奢侈品产业链与海内外奢侈品圈层高门槛增值服务，一站式高效满足高净值客户售前、售中、售后的动态需求，并提供贵族门槛限量的体验与权益。当然，睿卿的用户只是高净值客户，例如顶级奢侈品（公务机直升机、游艇帆船、高级家居、超级跑车）的拥有者，以及高端金融机构分层客户。

例如购买一艘游艇，行业数据的平均时间是三个月，80% 的时间浪费在不知道买哪一款，也不知道最合适的购买渠道。而睿卿，则可以基于客户的需求，人工智能大数据搜索全球范围内符合客户需求的游艇型号，客户得知心仪的爱船型号，即可跳转至所有有这款船型的经销商列表，从其中选择最近最优的商家进行购买。若需要出海提前告知睿卿，大数据将链接到相对应的游艇俱乐部，提前做好出海准备。维修同理。整个产业链即售前、售中、售后一站式私人管家服务，高效而精准。

睿卿系统化地将产业链各结构单元（制造商、经销商、关联商）聚拢在一起并各司其职，提升整体产业链条的运营效率，使客户高效获得奢侈产业链全程智能管家式服务。融资租赁、分期、保险等综合场景金融则满足了各方各环节的安全感。奢侈品行业各产业链结构单元则可以面向自动匹配的精准客户进行高精准营销，大大降低市场预算 ROI 的同时，增强互动黏性提高销量，动态进行客户管理。

与此同时，在海内外增值服务方面，全球一线奢侈品展览邀请函一票难求，睿卿的用户可直接作为受邀 VIP 进行 RSVP，包括戛纳电影节、

F1 大奖赛、日内瓦高级钟表展、亚洲公务机航展、欧洲公务机航展、美国公务航空协会年会暨公务航空展、澳大利亚航空展、米兰家具展与设计周、威尼斯双年展、摩纳哥游艇展、迪拜游艇展、上海游艇展、新加坡游艇展、德国杜塞尔多夫游艇展、伦敦科技周，等等。

顶尖奢侈品牌活动名额与福利是限量的，如限时免费游艇租船、品牌鸡尾酒会、品牌晚宴席位等，对睿卿的用户则免费开放。过往权益与增值服务包括宾利车主伦敦游、公主游艇沙滩派对、纽约时装周观秀之旅、卡地亚伦敦晚宴、卡地亚民生美术馆晚宴、"中国杯"帆船赛、"司南杯"帆船赛、公主游艇租赁优惠、摩纳哥 F1 游艇观赛、鸿洲游艇俱乐部泊位优惠、半岛酒店下午茶优惠、博纳多四峰赛、梵克雅宝珠宝展、辛普森新加坡游艇展鸡尾酒会、辛普森普吉岛鸡尾酒会、柯尼塞格中国开幕活动、蒙地卡罗游艇周末早午餐聚会、阿兹慕新加坡游艇展鸡尾酒会、博纳多之夜活动、阿斯顿·马丁红牛车队排位赛、阿兹慕游艇三亚出海、辛普森夏纳游艇节展位活动，等等。

例如法国博纳多游艇集团推出应用程序 SeanApps，智能简化了船主对旗下船只的管理和维护，无论是检查燃油和电池电量水平，还是要安排维护操作。App 主要包含三方面的功能：在安全方面，检查管理 GPS（全球定位系统）位置、发动机信息、电池电量、舱底水位；在导航方面，检查管理深度、风信息、平均速度、最大速度与行驶距离；在舒适度方面，检查管理燃油液位、水箱液位、舱内湿度和舱内温度。

博纳多集团下的锋仕 Yacht 53、遨享仕 Yacht 54、遨享仕 Yacht 62、浩乐 62、思乐 41 和思乐 35，这几款型号都标配遥测包，链接船只到 SeanApps 应用程序。博纳多集团旗下的其他船只也可以改装新系统链接 App。

王室可以亲民，但绝不住在平民区。顶级奢侈品可以数字互联网化，但它们存在于自建的互联网城堡中，而非大众电商平台之中。它们可以适当开放门槛，但依然只面对购买力与之匹配的人群。它们把互联网更多当作是提升运营效率的工具，或者系统化的高门槛俱乐部，而不是简单直线的销售渠道。

艺术化的宇宙观
如何发挥作用？

上述我们了解到高净值消费者的动态偏好规律，如何塑造并延伸奢侈品牌，以及奢侈品牌的反常态于大众市场的营销准则，现在我们是否可以系统化串联起这一切来管理整个品牌资产呢？既然品牌灵魂是品牌资产的宇宙大爆炸的星系内核，品牌是艺术美学综合底蕴凝聚出来的形象，若把整个品牌资产打造比喻成宇宙星系系统化运行的话，它又是如何运行的呢？

通透的宇宙观与"见微知著"异曲同工，既可以从一个点看到整个宇宙，亦可以将整个宇宙凝练成一个点。连接的关键词是系统化思维。

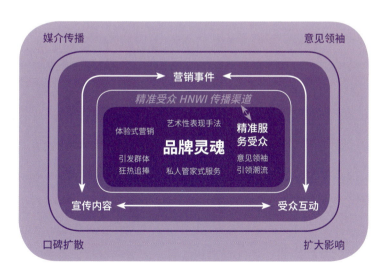

图6　资料来源：爱斯睿营销咨询公司。

从一个点动态发展，即从品牌灵魂出发，依次顺序是深刻发掘品牌灵魂中的美学底蕴，并用相契合的艺术表现方式与相适宜的沟通表达方式来描绘这份内在火焰，在拥有购买力的人群中，吸引同样追求这份美感至少欣赏理解这份美感的人的靠近，用富有品位的高贵优雅的方式，与之互动体验提升他们的兴趣，用深刻诠释这份美感的内容获得更深层的喜爱及共鸣，用贴心周到的服务赢得他们的信任，定期的客户互动提高黏性与忠诚度，不同维度的跨界销售渠道合作项目则是批量地获得新的客户群体，周而复始地用不同的引人入胜的艺术性描绘方式持续性地表达始终不变而且光芒万丈的品牌灵魂，持续性地周而复始地吸引更多的目标受众靠近，不断蔓延扩张，引发群体性狂热追捧甚至崇拜，并引以为荣自发传播，引爆销售。

在这个过程中，最初的品牌灵魂的火苗，在一个个营销事件项目中被激发放大吸引受众，配合日常的宣传推广项目、销售与渠道的运营管理扩张与客户关系管理项目，尽力保持稳定温度留住受众。随后不断的一个个营销项目在过往火苗温度的基础上，以更高的温度、更明亮的姿态吸引更多新老受众，并让其为之自豪骄傲，自发助力火势更旺，日常的宣传推广项目、销售与渠道的运营管理扩张与客户关系管理项目再以更高的温度留住更多的客户，周而复始无限扩张，时时出新却又沿着稳定而确定的轨迹，悄然发展壮大。品牌营销、重点产品营销、旗舰店建设、销售渠道扩张、客户关系管理提升转化率与复购率、数据分析进行管理复盘，如同围绕着高光高热的太阳（品牌灵魂）的九大行星，系统化稳定运行。太阳越靠近黑洞（更高层面战略），整体九大行星运转速度越快，能量越加速扩散。

这些激发火焰的营销项目，既要深度契合品牌灵魂的美学底蕴，又要平衡商业发展，使销售渠道运营不费力实现高回报率的业绩增长，并要作为引子使销售渠道运营实现系统化多重合力共同实现稳定性增长，更需要关注现有目标受众与潜在受众的动态的消费偏好与趋势。尤其作为奢侈品营销项目，一定要优雅不落俗，而且柔性非硬性销售地吸引并引领受众，如宗教一般引发群体性狂热甚至崇拜，绝不可以以打折促销抓住眼球，而是优雅而不动声色地引发群体渴望痴迷想要购买拥有。上下通透，系统性

太阳系

而不失美感，如艺术家一样地表达深层美感，才是奢侈品营销的核心所在。

除了从一个"点"动态发展，从某一时刻的"面"与"体"定格，即从品牌此刻的营收现状出发，则如太阳系九大行星系统运行的某一时刻照片一般，彰显着店铺销售、渠道获客、客户关系管理所带来的营收贡献比例，以及与其背后对应的营销项目的渗透关联。而俯瞰全局收缩视角，若将整个宇宙的系统运作凝练成一个点，光束最终凝聚穿透的核点便是品牌灵魂，一切由其延展扩张。

同时，系统化运行的不仅仅是整合营销中所有营销项目之间的关联；也不仅仅是营销、渠道、零售与客户关系管理、数据分析之间的联系；不同轨道运行却相得益彰的整合运转的，还有集团策略、产品线策略、品牌策略、明星产品之间的关联。

明星产品强势宣传带动整个品牌的知名度美誉度，连带品牌其他所有产品线的销售业绩；代理不同行业产品的奢侈品经销商集团内部的品牌各自执政或内部跨界整合营销；品牌下各自产品线的区别营销，以及年度品牌活动串联所有产品线；同一阶层品牌之间的跨行业的线上线下整合营销项目的宣传与交叉获客，站在战略统御年度规划而非单个项目的立场来看，上述四种营销方案无一不体现着系统化运转的整合性与流动感。

美学进程与流行文化的节奏

　　奢侈品牌构筑华美梦想。没有了艺术美感，纵使品牌资产再强大，奢侈品牌也会因为失去了梦想的力量而沦为高级品牌。那么奢侈品到底需要何种程度的美学底蕴呢？同时，是否所有的梦想都可以被称之为艺术美学呢？美学的进程变化是否会影响奢侈品的瑰丽呢？流行文化可否与奢侈品的华美相融渗透？

　　第一章聊到奢侈品定义物质世界的顶尖美感。它是将创作者的美学思想，即品牌灵魂，浓缩提炼至这一方物件之中。创作者越是底蕴深厚，品牌越是经典；他越是特立独行，品牌越是具有独立精神的冷艳；他越是热情又矛盾，品牌越是华丽野性；他越是恬淡自然，品牌也越有田园风情。真正能让奢侈品牌流传不朽的，正是创始人独特而底蕴深厚的美学品位。

　　奢侈品引领物质世界里对美的最高认知与最高追求。何为未来的最美？何为未来的最舒适？何为未来的高品质？何为未来的高级生活？何为真正的幸福快乐？甚至，何为真正的自由？这离不开创始人与品牌文化的哲学素养。

　　美学思想与哲学素养，虽说百家齐鸣，但纵观历史却有时间线索可寻。前文提到，西方艺术中，无论美术文学还是音乐建筑，无一不经历从古希腊时期静穆的高贵开始，一路途经黑暗中世纪的哥特文化与对光的追求，文艺复兴时期明亮苏醒后绽放的灿烂光芒，巴洛克的恢弘华丽，洛可可的温婉细腻，新古典主义的经典回归，浪漫主义的自然诗意，现实主义的真实深刻，再到印象派的温柔，表现派与野兽派的热烈张扬，以及超现实主义的科幻抽象。从写实到概念表现。

不同时期的维纳斯

公元前 4 世纪，《克尼迪亚的维纳斯》，普拉克西提勒斯，罗马国家博物馆

公元前 2 世纪，《米罗的维纳斯》，阿历山德罗斯，巴黎卢浮宫

1481—1482，《春》，波提切利，佛罗伦萨乌菲齐美术馆

1509，《沉睡的维纳斯》，乔尔乔内，德累斯顿美术馆

　　　　　　　　　　　　奢侈品思维：爱斯睿，艺术化的宇宙观

1503—1506，《蒙娜丽莎》，达·芬奇，巴黎卢浮宫

1514，《带头纱的女子》，拉斐尔，佛罗伦萨皮蒂宫

奢侈品思维：爱斯睿，艺术化的宇宙观

1756，《蓬巴杜夫人》，布歇，慕尼黑旧皮纳科特克美术馆

1853,《布罗格利公主》,安格尔,纽约大都会艺术博物馆

　　　　　　　　　　　　　　　　奢侈品思维:爱斯睿,艺术化的宇宙观

1880，《康达维斯小姐画像》又名《小艾琳》，雷诺阿，苏黎士伯勒藏品基金会

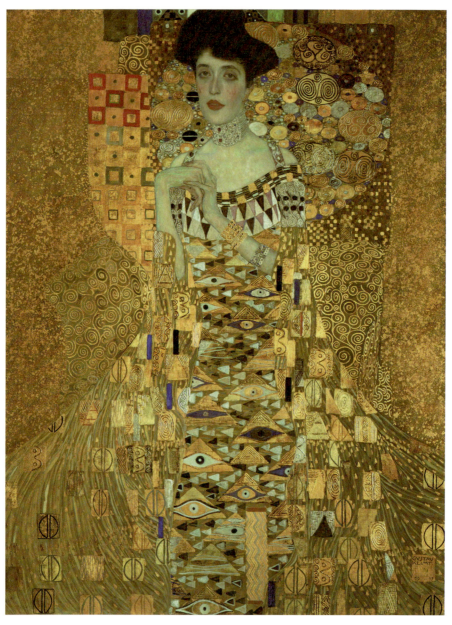

1907，《阿德勒·布罗赫 - 鲍尔像》，克里姆特，私人收藏

奢侈品思维：爱斯睿，艺术化的宇宙观

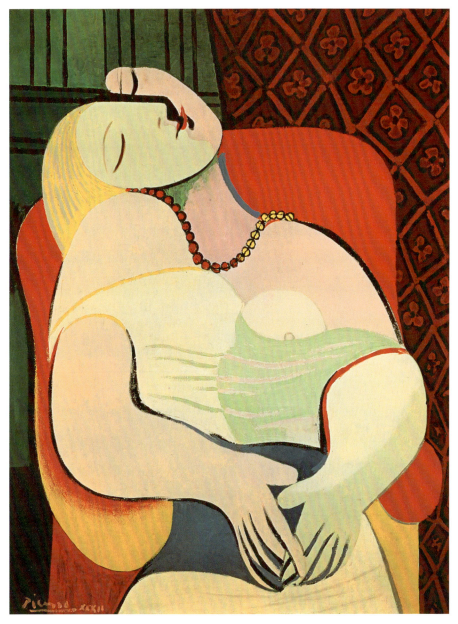

1932，《梦》，毕加索，私人收藏

与此相呼应的，东方美学也随着时间的发展而不同。从远古图腾的神话思想与淳朴稚拙却热烈的传奇迷幻，再到青铜饕餮的追求力量的狞厉之美，前秦的理性精神，再到楚汉的浪漫主义，魏晋的人文风度，盛唐之音洋溢青春光芒的华彩，晚唐富有矛盾的韵外之致，宋元山水的无我之境，融入市井的清明文艺思潮。从神话到人间。

社会的发展变革改变着人们对美的表现形式的认知，却从未改变人们对美的追求。美在不同时期的不同表现形式之间的变化，其实也并非全然没有规律。在我看来，这变化规律更像是光影素描的一体两面，或者线性回归的上下波动，类似于经济学中的"价格围绕价值上下波动"。黑暗过后即为光芒，华丽之后即为素雅，正是黑暗凸显了光明的程度，华丽的程度影响着素雅的可被接受时长。相对于短期内（两个时期之间）变化对立统一的另一个规律是，长期的螺旋式上升或下降，同时形式上越来越解放。比如美术的关于"形"，越来越表现思想与情绪而非写实；音乐中越来越即兴直白而非固定格式乐章；舞蹈从高难度练就的古典芭蕾到现代舞再到街舞，就连现代舞之母玛莎·葛兰姆也说到，现代舞最初的产生是为无法练芭蕾而热爱舞蹈的人而生，当然现代舞也有非常高的艺术境界。

短期对立统一且上下波动，长期螺旋式前进，不也是历史的发展趋势吗？当然，艺术史应运而生于社会文化发展进程，趋势同向乃是必然。社会每一时期的流行风潮便成为波动方向改变的驱动力，有的风潮强劲足以改变为相反的反向，有的风潮微弱未改变方向却为下一次的驱动做铺垫。

那么对于奢侈品牌来讲亦是如此。品牌灵魂是永不改变的，品牌灵魂的表现形式则随时间而多种变化，每季的新产品灵感来源，即为原有美学思想有选择性地融合当时的流行文化。若一个品牌追求优雅，它便始终呈现优雅甚至希冀自己成为优雅的代名词，并由它定义何为优雅。不同时代不同时期的优雅必将有所不同，但"优雅"不会改变，亦如不同时期的维纳斯形象不同，但维纳斯始终象征并代表着不同时期的"美"。可可·香奈儿（Coco Chanel）曾说的"流行易逝，风格永存"，正是如此道理。

这也就决定了奢侈品营销与大众营销的本质区别。大众营销需要彻底迎合市场，一切营销的起点从"定位"开始，一切定位的起点从调研开始。奢侈品则不需要。也许偶尔也会借鉴一点点流行文化，但根源不在此。它是它自己的神话，只吸引和它相同美学思想的人。当然营销项目中的各种宣传手段，尤其是明星与口碑效应最终将俘获大众的心，像宗教信徒般趋之若鹜的狂热沉迷，但那不是通过"定位"针对性而来的，而是"吸引"粉丝而来的。

　　而流行文化之所以说是要被选择性的采用，因为一切与品牌灵魂发生冲突的元素都要彻底被舍弃，从一开始便不予采纳。而与之相同段位、调性同频的元素，哪怕是科学与艺术的跨界，亦是博采众长相得益彰，为品牌的长久发展注入新鲜活力。由此也可见，保持品牌灵魂对奢侈品牌的重要性。

Van Cleef & Arpels 梵克雅宝与芭蕾舞

　　路易·雅宝先生非常痴迷芭蕾舞表演，他与法国设计师莫赫斯·杜华利及法国珠宝商尚·胡比共同创作，三人创作时从未想过"芭蕾舞伶"系列会在美国引起如此大反响，在几十年后的今天，仍是收藏家趋之若鹜的宝物。

　　1940 年，Van Cleef & Arpels 梵克雅宝创作出首个以舞蹈为主题的珠宝系列，作品以胸针为主。这一系列珠宝造型模仿舞者翩翩的舞姿，神

| 1941 年 Spanish dancer 胸针 | 1946 年 Ballerina 胸针 | 1952 年 Ballerina 胸针 |

态各异。当中包括芭蕾舞者、歌剧舞蹈员、西班牙舞者、小仙子，甚至是蜻蜓造型的仙女。她们的肢体闪现白K金或光面铂金的光芒，舞动的身影，在腰际的红宝石或头上凡蓝宝石王冠衬托下益发亮丽。以钻石塑造的身体被宝石舞衣包裹，不同大小形状的宝石，包括玫瑰或梨形切割钻石、斜面切割绿宝石或红宝石、多面切割蓝宝石等。最后，舞者的面貌通常由玫瑰切割钻石勾勒。

无独有偶，梵克雅宝家族的传人克劳德·雅宝喜爱芭蕾舞，与著名芭蕾编舞家乔治·巴兰钦一次偶然的邂逅之后，合作创编芭蕾舞三幕剧《珠宝》，分别表现祖母绿、红宝石与钻石。其中表现祖母绿的第一幕采用法国芭蕾舞流派的浪漫主义风格，第二幕红宝石则采用美国芭蕾流派的当代风格，第三幕表现钻石则采用俄罗斯芭蕾舞流派的古典主义风格。1976年这部舞剧作品被列为巴黎歌剧院的保留剧目。

2016年，梵克雅宝赞助了中国国家大剧院GALA（国际明星芭蕾

Cygne-Blanc 芭蕾舞伶胸针，白K金、圆形、梨形及玫瑰式切割钻石，珊瑚，2016

Cygne-Noir 芭蕾舞伶胸针，白K金、圆形、梨形及玫瑰式切割钻石，长方形切割黑色尖晶石，2016

Esprit de la Rose 芭蕾舞伶胸针，白 K 金、玫瑰金、圆形及玫瑰式切割钻石，粉红蓝宝石，红宝石

Fée Dragée 胸针，白黄 K 金、圆形及玫瑰式切割钻石，蓝色及紫色蓝宝石，黄色蓝宝石

Sylphide 胸针，白 K 金、黄 K 金、圆形、长方形及玫瑰式切割钻石，粉红蓝宝石，黄蓝宝石

精品荟萃）并上演《珠宝》，同时还推出 25 件高级珠宝系列 Ballet Précieux 新作在中国首发，包括以《天鹅湖》为灵感的白天鹅和黑天鹅造型的两枚胸针。

白天鹅 Odette 公主挺胸舒展的身姿令镶嵌珊瑚及钻石的芭蕾舞裙散开，仿如要在天际间展翅飞翔。珊瑚经过精心挑选、重新切割及细致搭配，以缔造和谐美感。与之形成强烈对比的是妩媚的黑天鹅胸针，于镶嵌后重新切割的黑色尖晶石构成芭蕾舞裙，飞扬的裙摆起伏有致，坚硬的材质在此完美展现出如丝绸面料般柔软轻盈的质感。镶嵌在羽毛末端的梨形钻石熠熠生辉，为轻巧灵动的舞姿点缀璀璨华彩。

乔治·巴兰钦当年被珍稀宝石和它们的灿烂光芒所迷倒。时隔半个世纪之后，梵克雅宝与著名舞蹈家及编舞大师本杰明·米派德（Benjamin Millepied）成立的合作单位 L.A. Dance Project 建立长期合作关系。本杰明·米派德的妻子，正是在电影《黑天鹅》中因精彩表演而获得第 83 届奥斯卡影后的女演员娜塔丽·波特曼。这些奇妙的相遇之所以能发生，似乎是偶然又像是必然。

作为纽约芭蕾舞团前首席舞者，本杰明·米派德深受《珠宝》及乔治·巴兰钦的影响，2013 年开始创作芭蕾三部曲《宝石》，同年 5 月三部曲的第一部《映像》在巴黎夏特莱剧院进行全球首演，《映像》同时也是 2014 年中法文化年的项目，曾被引进国家大剧院在中国演出。

宝格丽（BVLGARI）与装置艺术

2018 年米兰设计周期间，宝格丽（BVLGARI）与多位艺术家展开合作，共同在材质、模块与色彩三大设计决定性要素的基础上创造出一个独特装置。这三大要素共同组合成由精心制作的多个各不相同的鳞片构成的沉浸式空间，装置艺术作品"展望 B.ZERO1：Labyrinth 迷宫"系列，营造出抽象的奇妙世界，令参观者将一切抛诸脑后，全情沉浸在宝格丽的艺术与设计世界。

迷宫同时连接宝格丽的三座装置，首先为黑白格纹加上霓虹灯光所组成的魅惑迷宫。当穿梭至此，抢先映入眼帘的即是无数枚 B.ZERO1 戒指相互交错所打造出的超现实装置艺术，以灯条展现整场体验的宗旨——"遵守规则"。然而一旦了解规则后，就会发现必须摒弃规则——"打破传统常规"。最终，再以一条信念作为总结——"所有规则都可以被重建"。

第二个展示区则是由智利艺术家 Iván Navarro 以"光"为主要概念的艺术场域。色彩缤纷的霓虹灯、荧光色系的灯光与镜子，构成一张魅惑醉人的网子，宛如将参观者网进其作品之中。

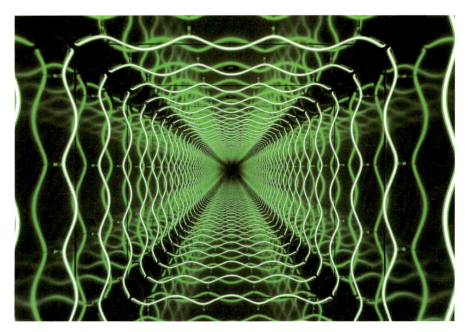

　　MVRDV 的装置将宝格丽品牌最具代表性的 SERPENTI 蛇形手镯转化成了独特的空间，空间形式与珠宝的蜂窝形相似，表明了材料组合的无限种可能性。曲线空间与一系列镜面墙的组合更创造出充满精美细节的无

限拱顶结构。装置的目的是向参观者介绍珍贵非传统材料构成的世界，装置中的每个鳞片都由这个意大利珠宝品牌精心制作。

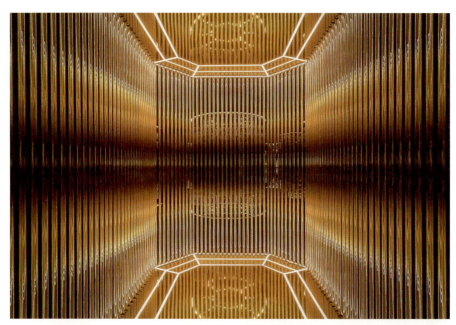

经过迷宫、色彩和材料等元素展区后，下一个则是"模块"概念。无论是几何方形还是如蛇鳞形状的壮丽六角图案，展场中，皆借由一根根发光的金属条管并排连接而成的"连续空间"，呼应着宝格丽多面切割的宝石，不仅璀璨闪耀，更让人完全沉浸于其所散发的魔幻氛围之中。

宝格丽米兰酒店的 IL Giardino 花园内展出了一个立方空间镜面装置，呈现气势恢宏的设计空间，开启"设计规则重塑"的第二段旅程。该装置坐落在酒店花园里，整体结构如梦似幻，立方镜面外壁熠熠闪耀。整个空间陈列着宝格丽 B.ZERO1 系列珠宝，当宾客信步其中，便会即刻沉醉在黑白相间的图案布景之中。

除了这个沉浸式设计，宝格丽还在蒙特拿破仑大道精品店内设立艺廊，

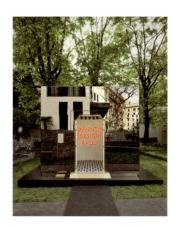

礼赞 B.ZERO1 系列。每一种装置都独树一帜，以 B.ZERO1 这一标志性系列的演变开始，共同赞颂宝格丽和设计的关系。

路易威登（LOUIS VUITTON）的快闪店

比起梵克雅宝的经典美学传承、宝格丽的现代艺术表达，路易威登的快闪店则是与当代流行文化相融合的案例。

快闪店（Pop-up shop 或 Temporary store）是一种不在同一地久留的品牌游击店（Guerrilla Store），指在商业发达的地区设置临时性的铺位，供零售商在比较短的时间内(若干星期)推销其品牌,抓住一些季节性的消费者。

快闪店在英语中有"突然弹出"之意，之所以被冠以此名，很大程度是因为这种经营方式，往往是事先不做任何大型宣传，到时店铺突然出现在街头某处，快速吸引消费者，经营短暂时间，旋即又消失不见。它已经被界定为创意营销模式结合零售店面的新业态。所谓的快闪店（Pop-up Store）可以被理解为是短期经营的时尚潮店。

　　路易威登品牌及其核心产品箱包基于旅行文化，而旅行的意义，正是领略各地独特风情，短暂且不久留。路易威登于全球各地不定时地结合当地当时的各种文化潮流推出快闪店，进行主题式新消费，更好本地化的同时也促进营收，结合当代流行文化的同时，也不失"旅行的意义"。

著侈品思维：爱斯睿，艺术化的宇宙观

不怕迭代的秘密

　　上节提到美学进程短期对立统一且上下波动，长期螺旋式前进。奢侈品牌的品牌灵魂虽然不变，然而品牌灵魂的表现形式则随时间而呈现多种变化，每季的新产品灵感来源，即为原有美学思想有选择性地融合当时的流行文化的产物。那么，我们是否应该担忧一下，过往产品的"落伍"问题？

　　其实，这个问题显然多虑了。对于大众市场的商品而言，的确有新陈代谢的问题，然而对于奢侈品来说，只有"经典"与否的问题。判定一个物件为奢侈品的核心属性是自我标准的设定。奢侈品从不拿自己和别人比较。它没有参照，只有它自己和它为自己设定的非凡标准，每一条标准都渴望并值得传承。它就是它自己的神话。

　　真正的奢侈品不是流行潮品，它追求极致永恒的经典美感与历经时间考验的品质感。这份经久流传的经典美感往往是它所传承的美学与设计思想。留存历史长河中的各个时期的艺术风格与思想，比如古希腊美学的高贵静穆，比如巴洛克的恢弘华丽，无论时代如何发展，都不可否认它们的美丽，只有人们的不同风格偏好。

　　放眼宇宙与历史的长河，物质会消亡，而精神与思想永存。百年奢侈品牌经久流传的秘诀也是源于自身品牌美学的思想传承，产品上对卓越与完美的追求，以及不断自我超越。时间不会让它老去，只会流传成经典，除非，它不够经典。

保时捷（PORSCHE）与迈凯伦（McLaren）

比如保时捷911，第一辆诞生于1963年，至今依然畅销，早期款非但没有贬值，反而成为复古经典值得珍藏。每一台车都展现各自时代里的高科技性能，配之以高品质配件，且不断自我升级。不变的是新艺术运动思想中追求自然有机运动线条的流线型跑车设计，精致的双座系与所隐含及象征的单身贵族生活方式。然而同样是有机线条、同样是双座系，比起保时捷的精致悠然的年轻热烈，迈凯伦则更具赛道激情，这便是意式风情与英伦设计的起源差异。

中世纪位于佛罗伦萨的美第奇家族几乎赞助了整个文艺复兴时期的艺术家，使佛罗伦萨成为文艺复兴的发源地，这也使得此后所有意大利的设计风格都具有文艺复兴式的经典美感，无论服装游艇还是家居建筑；而英伦的设计思想则更偏重先锋实验与戏剧夸张，创新鬼才的魅惑与惊艳表现力，设计风格更激情热烈极具想象力，而非圆融古典的隽永之美。

2017年第87届日内瓦国际车展进行全球首秀的迈凯伦（McLaren）第二代超跑720S，一如既往地表现着赛道激情的灵魂。这款迈凯伦超跑0～200公里/小时（124英里/小时）加速时间为7.8秒，而从200公里/小时制动至完全静止需4.6秒，刹车距离仅为117米，比650S缩短了6米，几乎可以与传奇的迈凯伦P1TM相媲美。新车采用全新M840T 4.0升V8发动机，最大功率720马力，最大扭矩770牛米，0～100公里/小时加速时间2.9秒，0～200公里/小时加速时间7.8秒，极速341公里/小时。

这些精神与思想，无论迈凯伦（McLaren）还是保时捷（PORSCHE），均是代代传承；也是这些精神与思想，造成了保时捷（PORSCHE）与迈凯伦（McLaren）的区别，即便都是新艺术运动中有机线条的设计风格而非包豪斯风格的简约直线条，即便都是双座系运动型跑车，保时捷（PORSCHE）和迈凯伦（McLaren）各自车主的精神世界与生活方式偏好全然不同。同样的，杜嘉班纳（DOLCE&GABBANA）的热烈狂野，范思哲（VERSACE）的华丽性感，华伦天奴（VALENTINO）的优雅自信，普拉达（PRADA）的强势女权，梵克雅宝（Van Cleef & Arpels）的自然甜美，各自展现着不同的精神思想之美。产品的迭代也如此，相对于经久流传与代代传承的美学思想，只是细节差异与配件升级而已。那个最体现设计美学思想本源的产品型号，也因此成为经典款，只会随时间升值。

达索猎鹰（DASSAULT FALCON）公务机

自 1963 年以来，法国达索航空在设计生产制造猎鹰公务机时，一直秉承创始人马赛尔·达索（Marcel Dassault）"飞机赏心悦目，飞行舒适平稳"的理念，始终不曾改变，将法式设计的精致优雅与高科技性能相结合。猎鹰公务机受益于达索航空战斗机的技术创新，数字飞行控制系统、人机界面、增强视景系统与数据相融合水平，均稳居行业最前列。对卓越与创新的执着追求，使达索成为以数字科技为优势的公务机品牌。加上法式优雅的设计与奢华定制，激情专注并前瞻性的胆识，以及达索集团覆盖酒庄、拍卖行等多元化产业的人文价值观，成就了达索猎鹰公务机在全球尤其是欧洲无与伦比的地位。

Falcon8X_2015USB49

卡地亚（Cartier）与宝格丽（BVLGARI）的灵感缪斯女神

　　一个人可以在保持并引领独特思潮风格的路上走多远，甚至成为高级珠宝与高级时装行业经久不衰的灵感？以玛切萨路易莎卡萨提（Marchesa Luisa Casati）为灵感的品牌系列有卡地亚的 La Panthère de Cartier 猎豹系列；宝格丽（BVLGARI）的 SERPENTI 灵蛇系列；Alberta Ferretti Limited Edition S/S 2016 限量版春夏季高级时装，等等。对于高级珠宝和高级时装界来说，她的迷人所在，是桀骜不驯的自由精神和现代的魅力，敢于惊世骇俗的强大内心，坚强独特的同时又极具细腻温柔的女性气质。温柔且强大的华丽冷艳，美得很致命。

　　玛切萨·路易莎·卡萨提（1881—1957）是谁？她是 20 世纪最著名的意大利贵族，从小拥有惊人的美貌，童年成长于意大利的蒙扎和科莫湖畔。玛切萨（Marchesa）六岁那年，父亲被授予伯爵称号。授爵八年后，伯爵与妻子相继去世，留下了巨额的财富给了 15 岁的玛切萨和妹妹（Francesca）。

　　初入上流社会的玛切萨开始展现高贵体面与八面玲珑的气质，1900 年嫁给了 Camillo 伯爵。新婚伊始，高贵娴静的玛切萨和伯爵终日穿行于罗马、威尼斯和伦敦的上流社交场所，岁月静好，直到邂逅诗人 Gabriele d'

Annunzio。

Gabriele d'Annunzio，文坛的唯美派巨匠，政坛上可与墨索里尼并驾齐驱的人物，欧洲上流社会的风流浪子。文采高雅却声名狼藉，雄韬伟略又骄奢淫逸，卓尔不凡却负债累累。

Gabriele d'Annunzio才华横溢又玩世不恭，像一面魔镜般倒映并催化着玛切萨灵魂深处的天赋。她不再满足于千篇一律的舞会、大同小异的沙龙，从此开启了她用生命创造行为艺术的惊世骇俗的后半生。用她自己的话说："I want to be a living work of art（我要成为一个活生生的艺术品）"。上流贵族身份，惊人的美貌，前卫超凡的审美，艺术天赋，口袋满满的金币，很快带她走上登峰造极之境：奢华城堡，奇装异服，宠物猎豹。

玛切萨建造了若干梦幻般的城堡，最著名的一座位于威尼斯大运河畔，犹如神话般的中世纪宫殿，花园里挂着巨大的中式灯笼，白羽乌鸦在其间飞行，宠物猎豹在其中穿梭（城堡后来被 Peggy Guggenheim 买下，成为他的私藏博物馆，亦是20世纪上半叶意大利最重要的欧美艺术博物馆）。她还在巴黎郊外打造了一座玫瑰色大理石的豪宅，并在这里举办了数不胜数的舞会，毕加索和达利都曾是她的座上宾。其中专设了一个展馆，作为私人画廊收藏了 130 幅以她为原型的画像。

时装方面，提到特尔斐褶皱礼服裙也许会很陌生，纹理精美而褶皱千变万化的服装品牌三宅一生（ISSEY MIYAKE）还是众所周知的，特尔斐即是三宅一生设计的灵感来源。当时特尔斐礼服一经问世，就获得了玛切萨的青睐，凭借她欧洲大陆第一时尚 icon 的东风，设计师 Mariano Fortuny 也一炮而红。相比之下，三宅一生更富有东方哲学的内敛个性，特尔斐层层叠叠的褶皱，配之以希腊神话式的剪裁完全贴合女性曲线，十分灵动。玛切萨面对如此剪裁则真空上阵，穿起来如同维纳斯，而这在 1910 年的社会是不可想象的。

另外，她尤爱把自己当做水晶灯，为了让一条缀满灯泡的裙子闪亮登场，背后自带发电机。王菲 2012 年巡回演唱的造型便是对玛切萨的创意拷贝。

Marchesa 的水晶灯造型

Marchesa 和她的宠物猎豹漫步威尼斯街头

VOGUE 拍摄特辑

　　天黑以后，她时常穿着丝绒外套和珍珠母贝的高跟鞋，牵着她的猎豹漫步威尼斯街头。玛切萨和她的宠物猎豹成为很多奢侈品牌广告大片的灵感来源，*VOGUE* 拍摄过特辑。除了猎豹，玛切萨还有一条宠物蟒蛇，时常挂在脖子上当作项链。两个品牌的传奇系列也由此开始。

卡地亚的猎豹系列（La Panthère de Cartier）

　　由玛切萨开始，猎豹图腾拥有了时尚界殿堂级的象征意义：野性、奢华、无与伦比与无可超越。卡地亚的猎豹图腾，正是从玛切萨而来。

宝格丽 SERPENTI 古董典藏蛇形系列

宝格丽 SERPENTI VIPER 系列对戒

宝格丽（BVLGARI）的 SERPENTI 灵蛇系列

宝格丽 SERPENTI 灵蛇系列，象征着华丽、神秘而强大。蛇象征智慧、活力与魅力，性感美丽。蛇作为图腾可追溯至古希腊与古罗马神话。而宝格丽的灵蛇则来自玛切萨，代表着惊世骇俗的强大与美艳。

玛切萨又高又瘦，火红色的头发犹如加冕的王冠，雪白的皮肤和朱砂色的红唇形成强烈对比。她拥有翠绿色的大眼睛，涂绘着浓厚的眼影，并配之以用黑色天鹅绒织成的羽扇般的假睫毛。有一年夏天，她把头发染成绿色，让仆人不断往火炉里扔撒铜屑，以产生美丽的绿色火光来配她的头发。玛切萨让公寓里所有仆人浑身涂满金箔，还向罗马动物园借了一头狮子，拴在她为自己定制的宝座上。白孔雀栖于她窗户旁的柏树荫下，她采摘羽毛做出霓裳羽衣。

玛切萨对于时尚界产生了经久不衰的价值，如雷贯耳且功成名就的设计师们如 John Galliano，Alexander McQueen，Karl Lagerfeld，Tom Ford，Alberta Ferretti 等，都曾以玛切萨为灵感进行过创作。Georgina Chapman 和 Keren Craig 则直接以玛切萨的名字命名了品牌 MARCHESA。

作为行走的艺术，玛切萨将自己传承成艺术品本品。她请 Griovanni Boldini（19 世纪意大利著名肖像画家），Augustus John（英国著名肖

Alberta Ferretti Limited Edition S/S 2016

Christian Dior S/S 1998，John Galliano 设计

Marchesa Luisa Casati 肖像画

Marchesa Resort 2020

像画家），Kees Van Dongen（荷兰野兽派画家），Romaine Brooks（意大利哥特画家）, Ignacio Zuloaga（西班牙画家）轮流为她作画；还请 Drian, Alberto Martini, Catherine Barjansky, Jacob Epstein 来为她雕像。玛切萨成为继玛丽女王和埃及艳后（Cleopatra）之后，最具多面艺术形象的女性。艺术家们以多种多样的方式来表现这位缪斯女神，笔触灵活再现了她的生活、思想、行为和数不胜数的惊鸿一瞥。玛切萨对先锋艺术的不懈追求，为艺术史留下了财富，成为后来者取之不竭的灵感。

《珀尔修斯斩杀美杜莎》，Benvenuto Cellini　　　《珀尔修斯斩杀美杜莎》，安东尼奥·卡诺瓦

范思哲（VERSACE）的美杜莎

美杜莎是古希腊神话中的蛇发女妖，凡看见她的眼睛者皆会被石化。这个妖怪被珀尔修斯在雅典娜和赫尔墨斯的协助下斩杀。珀尔修斯将头颅献给了雅典娜，因此该头颅被镶嵌在雅典娜的神盾中。

在古风时期的古希腊艺术中，戈耳工·美杜莎皆吐舌露齿，头长毒蛇，面目狰狞。这种造型拥有驱邪的功效，而绘在盾牌上则可以恐吓敌人。而在古典时期艺术中，则出现了将美杜莎面貌美化的作品。同时，古典时期诗人品达也称美杜莎是"好脸颊的"（《皮托凯歌第十二首》16行），更晚的神话中甚至出现了美杜莎妄图与雅典娜比美，因此被斩杀的说法（阿波罗多洛斯《书库》2.4.3）。罗马时期的艺术中，也不乏蛇发美女的美杜莎形象。

"凡看见美杜莎的眼睛者皆会被石化"，范思哲以此为灵感，以美杜莎象征致命的吸引力与诱惑力，以及极致的性感美艳。ATELIER

ATELIER VERSACE 2016 高级定制

VERSACE 2020 春夏女士成衣系列

奢侈品思维：爱斯睿，艺术化的宇宙观

VERSACE 高级定制系列尤为凸出明显，范思哲（VERSACE）高级成衣稍显收敛，冷艳中却依然透露出性感迷人的气息，再到配饰与家居产品，华丽的风格贯穿了整个范思哲帝国。年年季季新产品上市，华丽性感的设计思想恒定不变。

自然，除了精神思想的传承，产品质量与品质更是不怕迭代的，甚至有一些奢侈品牌的核心特质便是材质的奢华，比如 BUGATTI 与 VERTU。

另外，奢侈品不同于科技产品。它没有摩尔定律，不会让老款产品随着技术的普及而降价。相反的，奢侈品的核心即经得起时间的考验，只有保持原价与随时间涨价（制造商），经销商层面偶有价格上下浮动，也需要在制造商授权的一定范围内。

市场营销：
没有销售的优雅哲学

一个奢侈品牌的建立，刚性需要天才设计师及其独特深邃的美学哲学底蕴，高艺术性的感知力与高品质的手工艺。然而，一个奢侈品牌的长久发展，则更刚性需要系统化的商业运作，否则天才设计师建立的只能是个人工作室，而不是一个品牌帝国。

本章前五节陈述了奢侈品牌资产的系统化建立运作的思维模型，第六、第七节陈述了将奢侈品牌的美学精神世界与现实商业运作相融合的基础。在此基础上，具体到营销项目的执行层面，又该如何进行呢？下面将为您具体讲述奢侈品牌的市场营销推广项目与渠道销售项目的运营与执行方式。

不谈钱的优雅姿态

奢侈品的广告总是好像美轮美奂的梦境，既不介绍产品功能，也没有打折促销，这是为何？看过前面文章，你也许会深刻地了解品牌灵魂对于奢侈品营销的重要性，以及，艺术性与美学思想对于品牌灵魂的重要性。那美轮美奂的梦境广告，正是以具象的方式描绘诉说着抽象的品牌美学，以及品牌背后象征的生活方式与姿态。

除此之外，不谈钱的金额数字，也不去打折促销，更是一种贵族的优雅。奢侈品永远保持优雅的姿态，不需要去迎合讨好。在拥有购买力的消费群体里，在产品质量与售后服务有品质保证的奢侈品行业，审美与品位偏好是唯一起到决定性作用的要素。

这也决定了顶级奢侈品的宣传渠道只针对富裕阶层客户进行精准营销。除了保证购买力，更是保持顶级奢侈品的神秘感与高稀缺性。奔驰宝马的产品参数随处可得，游艇与公务机的产品参数却非业界搜寻不到。正如兰博基尼首席执行官所说："一条街上出现两台兰博基尼，品牌调性已经从贵族气走向庸俗的土豪气了。"

顶级奢侈品（Luxury）仅做精准营销，高级（Premium）与时尚（Fashion）层级商品的宣传渠道却下沉中产阶级至大众群体，这又是为何？因为高级（Premium）与时尚（Fashion）层级的商品，虽然是中产阶级产品，但也是大众经过努力可以得到的，所以做一些品牌渗透，目的是让客户在消费升级的时候，将自己作为首选。高级（Premium）或时尚（Fashion）品牌中的一些入门级产品比如化妆品，甚至已经是当下就可以得到的。而奢侈（Luxury）层级的商品，非特定群体、非富裕阶层的客户，其他人很难通过努力达到消费升级成为其消费客户的。

正因为高级（Premium）与时尚（Fashion）商品进行大众营销，那么明星宣传也成为一大特色，引领流行趋势与口碑效应，从而引发群体狂潮。与此相对应的，顶级奢侈品却从不和明星合作，这又是为何？因为明星本人沾染娱乐圈与大众的气息，很少有人可以精准代表顶级奢侈品的气质。同时，明星的代言也通常不止一个，代言明星也无法持续专一保持顶级奢侈品牌的段位。另外，连时尚品牌都不允许明星有任何绯闻，顶级奢侈品牌更是从源头就杜绝了这个风险的存在。最重要的，正如第一章"奢侈与高级"所述，顶级奢侈品是无与伦比的美梦与幸福愉悦感，正如一束白光，底蕴深厚而综合（神），却极致纯粹宛如白色（形），明星都是彩色的，又有哪个明星可以代表登峰造极的白色呢？但综上所述，无论奢侈品牌（Luxury）、高级品牌（Premium）还是时尚品牌（Fashion），没有一个品牌如大众品牌一样宣传价格，并经常以各种变着花样的促销手段吸引受众，就连柜台销售也是有距离感的友好，而非平易近人的亲切，更不会热衷促销与费力销售。

不宣传价格，不打促销，产品价格又这样昂贵，富裕阶层也不知道具体在哪里，奢侈品牌的市场营销具体该怎么做呢？通常来说，又有哪些项目呢？每个项目又该如何运行操作呢？通常来说，奢侈品牌营销有以下 11 类基础的营销项目。

1. 品牌策略

辨析品牌灵魂，定义关键词，塑造品牌形象，产品线策略，年度市场计划。

关于顶级奢侈品与高端商业营销，我们认为起点为深度理解品牌灵魂并凝练关键词，即创始人认知的最美品质，无论这份美是优雅是毁灭还是特立独行，只有外行人才会将它们统称为"奢华"。拥有宇宙观的艺术鉴赏感受力与创造力则是营销的核心所在。玫瑰色不同于樱桃色，是我们坚持不妥协的完美主义。

真正与奢侈品联系最密切的标签并不是通常所认为的时尚、高级、金钱，而是艺术与宗教。它们是创作者美学观念的最高级凝练形式的物质表达，其精神价值不随时间空间变化，反而屹立成永恒与不朽，同时持续性地引领群体性的狂热与信仰，经久不息。我们相信哲学、物理、艺术与美学，以及宗教信仰对于奢侈品营销的影响力量，对这四者的深入研究将为奢侈品牌营销管理注入鲜活的灵感获得更多启发。在我们看来，艺术化是另一种思考方式，对各种美学与精神世界的不同理解亦是对各种奢侈品牌灵魂的不同演绎。它的力量看似无形，又穿透全宇宙。

基于美学文学艺术修养，融合商科逻辑思维以及市场需要，爱斯睿理解并提炼品牌的核心文化精神，与此同时，我们生活在品牌的商品以及目标市场中，从细节处体验品牌的灵魂。在提炼辨析品牌灵魂的基础之上，针对不同品牌不同产品线，将其核心诉求融入对应其目标市场的精准策略，结合数据分析，以及年度时间的统筹安排，转化编译成一个个鲜活的营销项目，释放强大的积极能量，力争将短暂的感觉变革为长久的记忆、稳定的趋势和切实的经验。

2. 商业链条拓展

渠道策略，客户关系管理策略与系统化建立，潜在客户发展，上下游商业链条合作。

基于品牌战略与产品线策略，我们选择以站在终点的视角来看待起点，基于提高品牌客户的声望与促进销售的目标，去识别判断选择与品牌客户合作的最佳渠道，以更长远的视角与更聪明的方法去连接彼此的合作点，从而达到双赢与多赢的局面。

除了同行业产业链上下游，跨界思维也是我们的另一个优势，多元运用跨行业但同一段位的不同品牌及其公司优势进行交叉销售导流，从而帮助品牌客户实现扩大目标受众与渠道范围的目标。

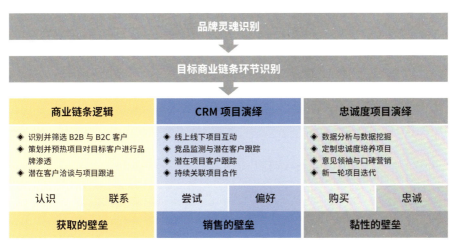

图7　资料来源：爱斯睿营销咨询公司。

爱斯睿聚集了全球最负盛名的奢侈品牌、高级生活方式行业领域商业链条各环节与数十万高净值人群，通过协同作用聚集并吸引各方的核心受众，使其彼此之间形成商业上的化学反应。从生活方式到生活态度，均以顶尖的高级品位吸引并引领高净值人群偏好的潮流趋势，以小众市场（游艇帆船、公务机、超级跑车、高级珠宝、奢华地产与高级家居）为中心串联起整个奢侈品市场，创造并满足高净值人群的消费需求，以及商业渠道拓展的合作需求。

◉ bulthaup 的亚太市场拓展

对于高级家居品牌来说，其渠道客户有两类：高端地产商与室内设计师。在地产项目方面，100 万元人民币的 bulthaup 在亚太地区拓展合作的渠道项目包括但不限于如下：

长江实业地产的香港半山壹号（香港）一期、二期，橱柜数量 940；

嘉里建设的灏畋峰（香港），橱柜数量 8；

新鸿基地产的倚峦（香港），橱柜数量 15；

泛海国际集团浅水湾道 117 号（香港），橱柜数量 21；

恒隆地产君临天下（香港），橱柜数量 60；

新鸿基地产的曼克顿山（香港）一期、二期，橱柜数量 160 套标准单元、10 套复式；

新世界发展的卫理苑 A 座（香港），橱柜数量 40；

HKR International 的 Beautiful-on-nassim（新加坡），橱柜数量 30；

City Developments 的 St Regis Residences（新加坡），橱柜数量 172；

Stream Ahead PTE 的 Parkview Eclat（新加坡），橱柜数量 34；

银泰置业的北京柏悦酒店（北京），橱柜数量 228；

新恒基的中轴国际（北京），橱柜数量 45；

杭州五云的九树公寓（杭州），橱柜数量 60；

上海秀仕酒店管理的上海柏悦酒店（上海），橱柜数量 3。

3. 新市场开拓

市场分析，竞品分析，消费者洞察，整合发展战略，运营解决方案。

爱斯睿将行业背景经验洞见与商业智能分析技术相结合，从而得到更为精确的结果与趋势判断。首先，我们从独有的内部管理系统收集所需要的行业数据；其次，我们通过商业智能咨询管理的方法去分析数据以及数据趋势；最后，我们运用独有的定制营销项目在市场中二次验证数据及其趋势的准确性。通过此法，万达集团节省 300 万元人民币研发费用去试错，直接得到精准的市场与目标受众数据与分析结果。随后，调研项目延展至整体的投后管理项目。

4. 趋势分析预测

趋势预测，商业改革重点。

在我们看来，"基于现状的预测"被称为"描述"，而不是"智能分析"。因此，在面对趋势预测时，我们不受行业市场现状的限制以及基于这一结论的期望，而更加关注目标消费者的动态偏好变化和对生活方式的新渴望，时代环境的调整，不仅是行业环境，还有跨界行业的影响，等等。

5. 广告投放

整体方向和推广要点战略规划，相关合作迭代更新，媒体购买谈判，执行项目跟进。

爱斯睿结合品牌战略与品牌现状，以及目标受众对接收信息的偏好，为品牌量身定制广告投放方案，挑选符合品牌形象且实现精准营销的宣传渠道，确立价格谈判的优势立场，为品牌赢得最佳的投资回报率。

6. 公共关系

传播方向战略规划，宣传主题延展，关联合作迭代更新，公关宣传资源协调，媒体宣传。

爱斯睿基于品牌战略和品牌灵魂为奢侈品牌提炼策划传播的关键词，并针对不同类别的媒体延展出各种角度的宣传主题，从而实现各类媒体从各个角度，宣传品牌的优势卖点，并提高美誉度。

宣传品牌的同时，我们也为品牌梳理各产品线的宣传策略，实现整合品牌与其众多产品线共同的媒体传播，并实时根据公司情况，进行最新的新闻与活动报道。另外，我们结合品牌潜在的文化或市场情况，针对媒体、意见领袖、电影、合作营销产品等不同的公关传播资源，量身定制并开发不同的宣传项目。系统化年度传播，并保持每月不少于一定数量主流媒体宣传。

◎ 传播策略制定

◎ 定制宣传媒体列表

◎ 媒体关系维护与深度合作互动

◎ 外部话题炒作，口碑营销

◎ 文案策划撰写与传播

◎ 明星大片拍摄联络

◎ 影视剧植入合作联络

◎ 高层专访，访谈与专题合作

◎ 匹配的节目或项目的内容合作

◎ 重点合作媒体定期拜访

◎ 媒体活动的互动合作

◎ 媒体对项目的实时问题解答

◎ 活动报道与动态实时更新

◎ 目标客户聚会的影响力宣传

　　媒体范围包括大中华区（含港澳台）、欧洲及美洲主流媒体。媒体类别包括全国性电视媒体、平面媒体和网络媒体，主要领域涉及奢侈品与生活方式媒体、时尚类与文娱类媒体、汽车家居等行业类媒体、旅行与酒店类媒体、综合类与新闻类媒体以及财经商业类媒体。社交媒体与电波媒体则包括：微信微博、Linkedin、Facebook、Twitter、视频网站、搜索引擎优化 SEO 等。

7. 创意行销

　　跨界合作，品牌形象流行化，品牌形象艺术化。

　　在品牌战略的基础上，爱斯睿深入挖掘品牌的所有可能引领潮流的潜在元素，为商业伙伴量身定制匹配的艺术形式或创意合作以吸引品牌客户的目标受众，为品牌客户带来越来越多的热度与吸引力。创意行销项目既可以宣传奢侈品牌，也可以宣传其重点产品。

◉ 庞巴迪喜度（BRP SEADOO）摩托艇 SPARK 与电子音乐（2014）

庞巴迪喜度（BRP SEADOO）2014 全新推出了让大家抢购一空的热门摩托艇单品 SPARK，并激情跨界电子音乐，与加拿大知名的电子音乐制作人 Deadmau5 合作。

作为 DJ（音响师）兼制作人的 Deadmau5 也是出专辑频率相当高的艺人，发行过 *Rope*（deadmau5 Edits）、*Miami*、*Maths*、*The Veldt* 等多张专辑。其中最脍炙人口的是这位高产音响师 2012 年的最新专辑 *Goes Here*，一个由 Deadmau5 带来的色彩缤纷的梦幻乐园，挑战听觉与速度的极限，带领大家感受舞池热度。

乍看之下，对于水上摩托艇来说，Deadmau5似乎是个奇怪的合作方，实际上他在做音乐之前是多年的摩托艇发烧友，并能做出很多高难度动作乐享水上生活。而对于庞巴迪喜度而言，SPARK是一款颠覆常规并引领行业的摩托艇新品，也是专注年轻人的潮品。SPARK与电子音乐的合作，无疑从听觉上更强化了它的水上激情，造成通感的热烈形象，使庞巴迪喜度更加深入年轻人的心。

◉ 百年灵（BREITLING）与航空飞行（2014）

百年灵于1952年推出的NAVITIMER航空计时腕表，因配备了环形飞行滑尺而成为飞行员们重要的腕上计时器。这准确、睿智又有效率的航空计时腕表成为世界飞行员协会的官方指定飞行专用表。NAVITIMER问世后短短几年就享誉世界，美国宇航员斯科特·卡彭特（Scott Carpenter）少校在1962年5月24日驾驶"极光7号"执行太空舱绕地球飞行三圈任务时，戴的正是一款24小时刻度的NAVITIMER。

基于飞行主题及其系列腕表，百年灵打造自己的飞行舰队，飞行舰队飞行员与百年灵首席执行官共同出席了上海旗舰店开幕活动。为推广飞行系列腕表，百年灵举行盛大飞行主题派对，以及后续一系列VIP私家鉴赏聚会活动。

百年灵飞行舰队

百年灵旗舰店登陆上海，百年灵首席执行官与百年灵飞行舰队飞行员出席开幕式

百年灵腕表飞行主题派对活动现场

8. 数字营销

开发 App，定制各类数字化智能系统，广告视频电影制作，社会化媒体营销，搜索优化，AR 与 VR 互动式体验营销与定制类项目。

爱斯睿基于品牌战略，提炼广告视频诉求与视觉重点，基于品牌文化与其目标受众的审美偏好来选择拍摄手法，实景拍摄后期特效表现故事性，或是三维建模表现科技未来感。内容基于品牌的传播诉求，唯美地表达品牌文化的象征意义，或者产品服务的流畅体验。结合宣传诉求进行创意脚本设计，电影级别的画面处理，投放至符合目标市场的传播渠道。

VR 定制营销项目，全景剪辑互动，或者三维建模互动，使客户以第一人称视角沉浸式地进入品牌构建的世界去体验。例如佩戴 VR 眼镜观看定制的 VR 视频，实现人机互动，或者仿若亲临现场地感受服务与流程。除了 VR 视频，还可以定制游戏互动程序，增强这份体验感。

AR 的交互，虚实结合，增强品牌或项目的传播亮点的同时，引发受众互动与追捧。例如古典舞表现名画《千里江山图》的舞剧《只此青绿》，将虚拟场景融入现实，如舞蹈演员在画作《千里江山图》上表演；也可将虚拟人物进入现实，如古代人物王希孟融入舞剧之中。又例如，客户可以远程体验现场：比如身处北京，通过 AR 体验摩纳哥游艇展的盛况；或者身处上海，通过 AR 增强现实技术，直接在办公桌上放大、缩小虚拟景象，详细观看置于香港的游艇内部细节。当然，也可以定制游戏互动程序增加趣味性与参与感，以增加目标受众对品牌的黏性。

App 与数字化智能系统的开发建设，提升奢侈品牌的线上营销的传达率，并高效整合品牌的增值服务体系。如青岛福日集团，除了拥有海怡帆船酒店与高端物业万丽海景，更是法拉利跑车、阿兹慕游艇、bulthaup 家居等众多奢侈品牌的华东地区经销商。小程序的建立，使业主和酒店客户可以享受奢侈品牌的各种增值服务，例如游艇出海或者节日综合套餐，一键支付的简单快捷，串联的却是整个集团的产品服务共同进行综合营销。

社会化媒体营销的小程序更是多见，对于奢侈品牌来说，通常会结合线下活动进行线上小游戏的互动。例如珠宝品牌 CHAUMET 的冠冕绮梦沉浸

卡地亚与张震（2016）

阿斯顿·马丁与"007"系列电影（2015）

式互动体验大展，以"Tiara Dream 冠冕绮梦"为主题，展出巴黎珠宝艺术世家尚美巴黎（CHAUMET）的众多冠冕杰作，以及一批首次在中国展出的珍贵档案与手稿，结合全息投影与互动装置，打造一个钻石流光、金银辉映的沉浸式空间。配合此次展览，尚美巴黎（CHAUMET）同步呈现"冠冕绮梦尚美巴黎（CHAUMET）沉浸式体验大展"云上展厅，小程序预约线下观展，到展览现场体验线上与线下交互带来的妙趣体验，使无法到现场的客户，同样可以在线上开启一段完整沉浸式的线上冠冕梦旅，细品每一件展品。当然，社会化媒体营销的项目，必然配以社会化媒体进行广泛宣传。

9. 明星与娱乐行销

明星出席盛大活动，专题合作，封面与大片的媒体拍摄，意见领袖访谈，电影合作，音乐合作，定制项目合作。

明星与娱乐产业的合作，无疑会增添奢侈品牌的热度与追捧度，常见的合作行业为高级成衣、珠宝腕表、超级跑车等。例如阿斯顿·马丁与"007"系列电影、张震合作卡地亚微电影。游艇、公务机则会遵从前文所述，很少与之合作，除非是买家。游艇、公务机宣传的人物话题几乎都是船东、机主的故事。奢侈品牌与明星娱乐产业的合作，既可以是宣传品牌，也可以是宣传重点产品。

10. 事件营销

事件营销总是吸引人们注意，它却不是孤立的单次项目，而是配合年度整体营销策略的统筹安排。嵌入年度营销计划中的事件营销，或是关于品牌宣传的亮点，或是新品上市，或是周期性质的系列增值服务项目，或

意大利游艇 SANLORENZO 的 "百家乐" 派对（2013）
（为什么以百家乐为主题？电影《007 皇家赌场》中的游艇即为 SANLORENZO。）

是跨界合作的新增客户项目。

　　事件营销通常有三类：其一是品牌宣传活动，例如新品发布会、酒店开幕活动、品牌的鸡尾酒会大派对、定制营销项目启动仪式活动，主旨是品牌与产品宣传。其二是跨界合作项目活动，例如奢侈品牌与高端金融机构合作的会员活动，跨行业的奢侈品牌之间联合的市场活动，如公务机与游艇，跑车与腕表，或者众品牌联合赞助活动（详见 "品牌资产的塑造" 篇章），主旨是相互借力强强联合，提高品牌声望并共同强化品牌影响力的同时，进行交叉获客。第三类销售促进活动，例如系列客户关系管理项目、各种黏性增值服务，或是品牌定制的私人晚宴，旨在销售，或者增强售后黏性。

瑞士手表爱彼（AUDEMARS PIGUET）新品发布会（2012）

法国游艇博纳多（BENETEAU）GT50 戛纳晚宴全球首发仪式（2018）
博纳多动力在 2018 年新一季发布的重量级船型。GT50 入围"2018 欧洲最佳机动艇大奖"（45 尺以上）。全球首艘 GT50 于 2018 年交付给澳大利亚悉尼的船东。

11. 商业链条数据管理

商业与商业，商业与消费者，商业链条智能。

爱斯睿独有的数据云项目，聚拢行业链条各结构单元的数据，凭借高门槛的行业运行逻辑以及 24 小时不间断的精准动态数据分析与自动化匹配，创新综合成为一个集精准营销、C2B 销售导流、动态客户关系管理、O2O 零售及相关业务于一体的商业智能（Business Intelligence）分析工具，实现对行业现状和发展路径的透析。

与此同时，数据云通过一系列国际顶流圈层的高门槛体验与增值服务，让精准的高净值目标受众自己主动来到商业客户面前，并加强彼此之间的黏性互动。通过分析 UGC（User Generate Content 用户提供内容）的需求与消费偏好，精准匹配高净值人群与奢侈品牌及其商业链条各环节的产品与服务。动态的消费偏好数据也为奢侈品牌提供有效的营销策略支持，并为客户关系管理提供有力的辅助。

创建品牌营销的基础

在上述营销项目中，基础必选项莫过于公共关系与事件营销，以及与现有客户互动，以增加客户复购率和对品牌的黏性。随着时代发展迭代，数字化传播也成为必须做的营销项目。虽然听起来项目名称相似，但具体如何运营操作却与大众营销项目完全不同。奢侈品牌在乎精准营销，品牌内涵需要故事传播，大众市场的品牌在乎大众市场的占有率，大量的大众媒介购买是它们最爱的宣传方式，还有就是付费请明星代言。就明星项目而言，大众市场品牌高价请明星，否则明星没有出场的理由，而奢侈品牌，明星希望被邀请出席活动，以提升自己的段位与调性。在广告购买方面，奢侈品牌相对来说要少于大众品牌，因为奢侈品牌只在目标受众能看到的媒介渠道精准投放传播，而不在乎大众群体是否都能看见。但一旦奢侈品牌选择投放广告，一定是在目标受众能看到的精准渠道中，并且投放得非常高调。

为什么说公关媒体传播和事件营销是标准配置的基础项呢？奢侈品牌营销的一个关键概念是创建品牌内容。奢侈品牌是为了激发激情而设计的，它们从创造者的激情开始，它们的持续增长依赖于它们体现梦想或激情的能力。品牌内容建立品牌，利用媒介与互联网的环境，通过亲和力和热情趣味传播这份梦想的瑰丽吸引力。从操作上来说，这意味着创建编辑传播视觉和听觉的创意内容，传递有关品牌、深度、个性和历史的上下文信息。

　　创建品牌内容不等于广告投放。抛开媒介购买的价格因素，投放的广告信息本身，无论多么有创意，时长都非常短，通常在30秒内传达，而传达的却只是一个简单的命题，无法全面传达品牌内涵丰富而深蕴的信息。而当品牌内容依赖于互联网的能力以及各类媒体的渠道，并通过社交媒体传播信息，只要它是有趣有创意和娱乐性的，品牌内容就可以充分地被熟知了解，也不受时长限制。简而言之，在品牌内容创建的过程中，品牌成为内容的生产者和传播者，除了宣扬其文化遗产、神秘感和瑰丽生活方式之外，没有其他明显的目标。品牌内容不是产品演示。

　　品牌内容旨在建立品牌的主权。奢侈品牌尤其需要品牌内容与品牌主权，因为奢侈品牌不同于大众品牌，其市场营销不是起源于定位，而起源于品牌灵魂，因此它们必须建立起它们的非可比性，彰显它们的深度和实质，吸引观众进入它们的世界，这就是品牌内容的创建目标。实现这一目标的方法是将品牌定位为文化传播者，并通过品牌世界中的内容，甚至故事与传说，从视觉与听觉，以及互动与通感的层面，来吸引消费者。毕竟，奢侈品牌的美学与文化底蕴深厚，有太多内容要表达和展示，让目标受众体验其品牌灵魂。直至今天，促进这种接触和观众参与的手段在世界各地都存在，也因此公关媒体传播是奢侈品牌营销的基础标准配置项目，数字营销与创意行销实则同等性质，搭配公关媒体传播，扩大范围，加强力度，以及突出亮点。

　　奢侈品牌的传播是品牌固有的一部分，这是它在媒体上创造性部署的可见杠杆。但是传播仅仅凭直觉和创造力是不够的，品牌需要通过其传播的连贯性和相关性得到加强，通过惊喜来推动。那么它应该如何与它的客户沟通呢？它应该宣传哪些价值元素？应该使用哪些营销方式？答案是，那些能与目标客户产生共鸣的一切。

关于这一点，我们需要回到我们对奢侈品态度的研究所揭示的四种类型的客户上（详见"消费者的动态偏好：一千个哈姆雷特的规律"章节）。奢侈品不仅是一种私密的个人奢侈品，还要回归到其本质的社会学维度，即成为社会重新分层的标志。奢侈既是一种个人享受，也是一种让自己与众不同的方式。不同类型的客户对于这种区分的渴望，在程度上是不统一的。奢侈品牌可以采取多种方式，每一种方式都决定了客户与奢侈品的某种关系。这四种"客户与奢侈品关系"的类型是什么？

◎ 内化奢侈的真实体验，把奢侈品当作一种生活艺术且具有排他性，通过谨慎的精英主义与他人区分开来；

◎ 通过强烈的创造力和独特性来表达自我审美与艺术品鉴力；

◎ 借助奢侈品的价值与声望，提高并表达社会地位；

◎ 通过财富展示和众所周知的少数人消费可见性，来进行自我肯定。

这四种与奢侈品不同的关系背后的客户，内心期待的是不同的沟通方式。对待第一种类型的客户，奢侈品牌需要讲述品牌遗产传承，永恒并且排他的制作方法以及价值。对待第二种客户，品牌的创造力、美学，与当代艺术的联系则起到了重要作用。对待第三种客户，品牌的神话传说、极具声望的证据、名人明星权威以及社会性成功的象征，则能让他们安心并追逐。而第四类客户，他们希望从人群中脱颖而出，对超越层级、财富与荣耀的价值、为少数人保留的权力非常敏感。

另一方面，奢侈品客户需要感觉自己是专属特权俱乐部的成员，事件营销加强了这种归属感。而且，活动中的每一个细节，从主题、环节到环境设施，均是品牌内容与品牌灵魂的视觉显现，精准的客户邀请也加强了奢侈品牌的社会分层意义，扩大了奢侈品牌在目标受众中的影响力。这也是为什么事件营销对于奢侈品牌的市场宣传来说，同样是基础项的原因。

奢侈品牌赞助活动也是常见的，但必须要始终与品牌特质或者品牌灵魂相关联，如若联合赞助，必须是同等段位，有相同文化属性（详见"品牌资产的塑造"章节中案例）。对于单一品牌赞助的活动来说，在有相关因素的关联的前提下，要抓住机遇与当时最有影响力的活动关联在一起，有时甚至能创造出意料之外的惊喜。

在一级方程式比赛（Formula One）中，胜利者的仪式之一就是摇晃一瓶香槟并向人群喷洒。这种仪式其实是令人惊讶的，因为香槟是一种豪华饮料，而不是淋浴产品，而且香槟产区并没有本土的赛车制造商。那么这种风俗是什么时候产生的？在一级方程式世界锦标赛成立的 1950 年，法国大奖赛在位于香槟区中心的兰斯举行。Paul Chandon Moët 和 Frederic Chandon de Brailles 都是赛车的狂热爱好者，他们向冠军 Juan-Manuel Fangio 赠送了四瓶酩悦香槟（MOËT & CHANDON）。这一举动得到了赞赏，并随后推广到其他著名的汽车赛事中。1966 年，勒芒 24 小时赛的冠军 Jo Siffert 的香槟是热的，软木塞飞出来使酒喷洒了出来，意外地把台下的人群溅湿了。在 1967 年，获胜者 Dan Gurney 自己主动摇晃起瓶子，向人群喷洒香槟。一个传统就这样诞生了。

值得一提的是，奢侈品牌不应该分散在多个行业的多个活动赞助中，而应该完全专注于一个单一的领域。在这个领域中，通过投入使用所有可用的营销资源与方法来打造一个非常强大的品牌形象。例如，皇家礼炮（ROYAL SALUTE）只选择赞助并参与马球赛事活动。

无论哪种具体营销项目，项目的每一个形象都应该滋养关于品牌的想象，而不是专注于单一的产品，产品只是品牌宇宙中的一个元素。与此同时，美学的稳定性随时间推移而恒定不变。鉴于奢侈品传播的滞后性（客户第一次接触奢侈品和第一次购买奢侈品有时间差），品牌传播的战略和美学连贯性至关重要。这种相关性使累积效应成为可能，完成量变到质变的过程。这也是品牌策略为何要结合美学的原因之所在。

创建驱动社会的渴望

奢侈品的社会功能是对距离的永久再现。这就是为什么奢侈品牌其实是一个特权俱乐部，随着商店向越来越广泛的客户开放，它必须显得更加排外。卖给更多的人不应该意味着它是每个人的品牌。

如何定义这个俱乐部呢？所有的奢侈品牌似乎都出现在光鲜亮丽的杂志上，这是俱乐部的体现吗？当然不是，广告并不是奢侈俱乐部呈现的主要载体。俱乐部最重要的呈现载体是具有排他性的同时无与伦比性的品牌活动，这些活动强烈地诠释了奢侈品牌的价值，并且只有少数人会受邀参加。

多年来，在全球各地的繁华城市，奢侈品牌一点一滴地为自己打造了一个"必办盛事活动"的缔造者的声誉，就像昔日的皇家派对一样。这些盛事派对活动的作用是什么？首先，确立品牌作为品位创造者和文化传播者的地位。同时，通过制定进入和排他的专属规则来创造社交距离。

1966 年 11 月 28 日，由 Truman Capote 在纽约广场酒店组织的黑白舞会，至今仍是这一流派的典范。舞会对受邀嘉宾的着装要求是男士晚礼服，女士长裙，并都佩戴面具，就连记者和保镖也必须戴上面具。Truman Capote 邀请了 540 位朋友，都是非富即贵、有权有势或者光鲜亮丽的名人。当《纽约时报》报道活动事件后，所有没有被邀请的人都知道了他们不属于这个俱乐部，以至于愿意做任何事情进入下一届被邀请的名单之中。

这就是品牌如何创造距离的方法。事实上，奢侈品牌活动的这一风尚沿用至今。同时，一旦品牌被标记为品位和风潮事件的缔造者和传播者，每一年的事件都会被富裕阶层狂热期待。摩纳哥游艇展、F1 赛事、四大时装周、奢侈品牌鸡尾酒会、奢侈品牌晚宴与化装舞会、游艇出海与帆船赛、公务机奢华定制旅行等，收到邀请函是身份的象征，让富裕阶层趋之若鹜。那是无法用金钱买来的上流阶层俱乐部的限量版入场券。这也是 App 睿卿令富裕阶层产生狂热黏性而趋之若鹜的原因。它聚集了全世界范围内高稀缺限量版的奢侈品行业主流品牌活动与展览赛事，而且是无条件发放给 App 的用户，让富裕者变成贵族，让贵族始终保持贵族本色。

如果奢侈品导致了凡勃伦所说的"炫耀性消费"，那么奢侈品牌组织的活动，由于它具有艺术或文化的深度，则导致了我们可将其称之为的"炫耀性修养"。它必须激发每个人的美学品位鉴赏力。至此，不仅仅是奢侈品牌的社会分层意义，引发群体的追捧与渴望，更是其美学文化创意，引发了群体的追捧与喜爱热望。毕竟，奢侈品引领物质世界的巅峰美学。也正因此，对于奢侈品营销来说，仅仅有商科思维是远远不够的，艺术美学修养不可或缺。

永久性鼓励口碑传播

风潮事件的必然结果就是媒体的报道，以及群体之间的细节谈论。场地如何布置的，邀请函的设计，哪个明星或者名人出席，环节如何，着装如何，共同认识的哪位朋友当天如何表现，行业内有什么新闻，都成为圈内人的潮流话题。

除了风潮事件之外，在日常情况下，一个媒体不谈论的奢侈品牌在这个世界上是不存在的。因此，有必要不断地向媒体提供新闻、故事、事件、事实等，从而编织出其产品从构思到使用的冒险故事。与此同时，时尚博主或者网络达人的推文，以生活化的内容，或者审美品鉴的视角进行个人宣传，也是奢侈品牌喜闻乐见的。

人们喜欢那些被认为是真实的、有点秘密的、能够传递隐含信息的，并充满集体价值观的故事。这就是为什么奢侈品牌应该展示它的历史和神话故事，并在互联网上不间断地进行口碑营销。任何一个新产品都要与品牌的历史或故事相关，从它自己的产品名称开始。这在品牌世界中具有很重要的回声意义。每一个新产品也应该发展自己的故事。从寻找最稀有的原材料，到制作一条爱马仕（HERMÈS）围巾所需的蚕茧数量，到法拉利（Ferrarri）的制造方法，再到创造者的生活，任何事情都可以成为口碑传播的内容。人们可以使用社交媒体来传播与奢侈品有关的重要或值得注意的新闻，包括房子、设计师、新开业或其他与品牌世界相关的问题。

保持数字化形式中的奢侈感

奢侈品在互联网上的存在，不是关于公开讨论或论坛，而是关于创造奢侈品的社会体验。设计师在网站上的时装秀不只是一场游行，它必须是一种增强的体验。在当今技术的推动下，让人们谈论、分享，成为品牌的"粉丝"。正如我们在第一章讲到的，奢侈品牌富含艺术、情感与精神升华。同样，奢侈品牌也必须把艺术融入到它们的电子商务网站中，不管这个网站有多小。当品牌与艺术联系在一起，它就更容易卖出。同时，奢侈品牌应该将它们的高门槛活动与门店及其电子商务网站联系起来，让无论进入到线上还是线下店铺的顾客们，都可以充分感受到品牌独有的魅力。在任何情况下，品牌灵魂都应该渗透到奢侈品牌的数字化展示当中。

全球宣传与本地宣传的平衡

这是所有品牌的核心问题，每个品牌都在努力找到正确的平衡。奢侈品牌是一个完全属于自己的品牌，它不仅集中决策，而且集中传播方案。

真实情况是，奢侈品牌的总部制定整体宣传策略，统一国家网站以及特定网站，设计全球活动、赞助、时装秀等。当地的管理团队则负责完善并执行这些项目，并保持品牌的神话。这就是为什么当地的媒体关系、地方公共关系、以及与当地贵宾客户的关系，对奢侈品牌的本地化传播起着至关重要的作用。但与此同时，品牌梦想力量的来源之一是它的国际性。因此任何将品牌在销售国"过度本土化"做法都会使其从奢侈品牌的宝座上跌落。

至此，通过上述一系列的整合营销项目与策略管理，奢侈品牌可以优雅地在目标客户之间，以"不进行硬性销售"的方式进行商业拓展。通过创建长短线项目相结合的全年整体营销计划，建立目标受众对其品牌文化的渴望与喜爱，引发对品牌的追逐，从而自动寻找销售场所进行购买。

与此同时，奢侈品牌通过商业链条拓展进行 B2B 交易，默默地就实现了营收。然而，B2B 的行业销售虽然可以实现大量营收，奢侈品牌依然会建立面向高净值客户个人的销售渠道。那么，面对富裕阶层的个人市场的销售，具体有哪些方式？每一种销售渠道又将如何运营？彼此之间是否会相互连接进行多维度的销售？下节将娓娓道来。

奢侈品思维：爱斯睿，艺术化的宇宙观

渠道策略：
行星间的系统化运动

奢侈品牌营销方式姿态优雅而不谈钱，那么它们是如何实现优雅而无声地进行销售的呢？首先，是 B2B 的销售模式，例如家居产品卖给地产开发商，飞机卖给航空公司。那么面对富裕阶层个人的销售方式呢？方法有四：建立经销商体系、多维度店铺零售体系、跨界合作交叉获客，以及与拥有富裕阶层流量的合作方合作，以实现精准获客。

方法一：建立经销商体系

品牌制造商挑选并管理合作经销商，建立自家的经销商网络。常见行业为游艇帆船、公务机直升机、超级跑车、高级家居。

顶级奢侈品行业如游艇帆船、公务机直升机、超级跑车、高级家居行业的产业链条结构复杂，不再是结构简单的直营销售，而是制造商、经销商、关联商各司其职。制造商负责产品制造与品牌宣传，经销商负责销售与售后服务，关联商（例如游艇行业中的游艇俱乐部，公务机行业中的 FBO 地面运营商）则负责日常娱乐的管理运营。

成熟的经销商体系的建立，按区域划分，按经销商的实力筛选，并以销售结果评判下一年度的经销商合作方。经销商销售业绩的好坏，不仅影响着自家的盈利能力，也决定着与制造商谈判销售佣金的议价能力，优先挑选制造商新品的排名顺序等，销售业绩不好的经销商则将于下一年度被替换掉。如迈凯伦中国 2016 年度有 12 家合作经销商，2017 年度降为 9 家合作经销商。制造商市场部在进行品牌宣传的同时，也实时对经销商进行管理，不仅仅有对其销售业绩的筛选评估，更有对其平时市场宣传项目的辅助。

以游艇为例。中国 10 个沿海城市 100 多家游艇经销商，而这 100 多家也是中国最有实力的经销商代表，因为成为游艇经销商需要先支付金额购买商品再销售，实力强大的游艇经销商有时也连带经销跑车与家居。全国有游艇俱乐部 1000 多个，最顶尖游艇俱乐部 200 家，平均每家有 150 个船东（截至 2017 年第二季度），而这 30000 多位游艇船东也是其他高净值消费的准客户，带来滚雪球式爆发的消费影响力。

对于建立经销商体系的行业来说，制造商并不直接开设店面，而是由经销商基于他所管辖的区域开店。例如麦迪逊亚洲，在北京、上海、香港、新加坡地区经销美国冰箱品牌 SUB-ZERO，酒柜品牌 WOLF，德国橱柜品牌 bulthaup。这四个地区的开店选址、店面运营销售、客户关系管理、营收损失均为麦迪逊亚洲自行负责。对于不进入中国市场的奢侈品牌来说，经销商则成为了中国区总部。兼顾着制造商的品牌宣传的职责。因此，麦迪逊亚洲需要在完成前文所述的营销项目的同时，进行经销管理的工作：日常零售管理（详见"多维度店铺零售体系"），重点 SKU 的分析与下一期的订货选购，客户关系的定期互动管理以引发二次销售，当地的渠道客户开发如地产商，以新增客户为目标的品牌活动，等等。

而对于跑车的经销商来说，同样要负责店面管理、销售运营与客户关系管理。略有差别的是，跑车的制造商已进入中国，上文提到的各种市场推广与营销项目均由制造商负责。经销商所做的市场推广项目大体有两类，一类是以销售为出发点，例如试乘试驾，例如店铺活动；另一类是以已购车主的增值服务为出发点，例如车主参观制造商工厂的旅行等。同时，基于市场行情波动，不断调整价格，不同车型的价格策略对于经销商而言尤为重要。

方法二：多维度店铺零售体系

主要适用于制造商直营管理销售渠道的品类品牌。行业常见有高级时装、珠宝腕表、配饰与香水。

这里的多维度不仅仅指的是奢侈品牌在各地区城市顶尖商场里的开店，更包括奢侈品牌与国际顶尖酒店的合作开店，以及不同于常规店铺的旗舰店。与此同时，线上零售体系的建立，不仅仅是各品牌官网的直接购买，更有奢侈品集团的电商产品线，如历峰集团（RICHEMONT）下的Yoox-Net-A-Porter等。除此之外，对于奢侈品牌的成衣线来说，有连卡佛这样的买手店；对于奢侈品牌的美妆与香水产品线来说，还有丝芙兰这样的化妆品店，机场的免税店。

对于时尚领域的奢侈品牌来说，没有经销商体系，只有零售管理与品牌授权。所有线上线下店铺的合作都由制造商管理，只是由不同的事业部人员来具体负责。市场部负责各类品牌宣传与营销项目，渠道则由零售管理部来统筹运营。日常的销售培训、SKU的分析管理、橱窗陈列设计、店铺活动、会员体系与客户关系管理，都是零售管理中不可缺少的一部分，综合实现面向个人市场的销售业绩增长。

销售培训

在零售过程中，品牌和客户之间必须建立一种个人的准情感的关系，这对奢侈品销售环节来说至关重要。从根本上说，奢侈品是由一个人传达并转给另一个人的，而不是销售给另一个人。这种一对一的关系是奢侈世界不可分割的一部分。这种情感关系从奢侈品诞生一开始就很重要，即使是国王也要把自己置于供应商的手中，今天依然如此：顾客将信任给予他的销售人员。

无论是从社会分层的角度，还是从个人愉悦的角度，奢侈品都具有强烈的人性，纯粹的关系维度。它的作用也是在一个充满侵略性和非人情味的世界里提供人性的温暖。销售人员保持优雅格调和距离，但必须温暖友好，为顾客提供建议。因此，精品店销售人员岗位的稳定性、对销售人员的持续培训、以及培养他们对店铺的归属感，都很重要。

当你走进一家奢侈品商店时，第一眼是看不到价格的。如果你想自己找到一个产品的价格，就必须进行"复杂的搜索"。明确产品的价格显然是负责陈列产品的人最不会考虑的事情，那是推销，而奢侈品从不推销。相反地，你会留下这样一种印象：你漫步走进了一个艺术品展览场，那里的展品都是来展出的，而不是用来销售的。

如果你向销售人员询问你感兴趣的产品的价格，他们最初的回答会离题，并向你展示产品的精致细节。你必须坚持让他们告诉你价格。其实，商店里的销售人员不是来卖东西的，而是来让你了解每件物品所体现的神秘、适用的场所、承载的精神与时间。当客户得知价格时，他们会发现，考虑到他们购买的产品的质量，这个价格并不太高。

"反常态的奢侈品牌营销军规"第 12 条："奢侈品决定价格，价格却无法定义奢侈品"，正适用于此处。商店和销售人员的作用，其实是让潜在的购买者了解产品的所有细节，即奢侈品的所有方面。这让我们得出了一个对于传统营销来说令人惊讶的结论：销售人员的真正作用不是销售产品，而是销售价格。

与此同时，"反常态的奢侈品牌营销军规"第 6 条指出，品牌主导客户，但更要尊重客户。这种关系是奢侈品领域固有的，也是合乎逻辑的。如果客户想在奢侈品上寻求社会地位的提升，显然是会选择一个社会地位高于他们的品牌，带走一部分品牌价值以增加自己的价值。对于品牌来说，每售出一件产品都会被带走一部分品牌价值，削弱品牌价值。因此，品牌有必要不断地使其再生梦想的力量。

客户与奢侈品牌关系中的这种特殊性体现在零售渠道上，客户经常通过销售人员向品牌询问他或她需要什么，或者更确切地说应该买什么。就送礼物而言，客户通常会让销售人员自由发挥给出建议。这里我们发现另一个奢侈品领域的矛盾，也是零售环节中最难以管理的，因为它是一个双重主观宇宙：作为"国王或女王"的客户期待帮助，销售人员管理这种关系但必须说服客户。这既需要销售人员的个人素养，又需要日常培训。

橱窗陈列设计

奢侈品商店的橱窗是一个特权场所，是与公众沟通的工具，也是品牌唯一控制所有参数的地方。商店的橱窗陈列设计在"梦想方程式"中扮演着重要的角色，这在奢侈品行业尤为重要。这是一种让非消费者意识到品牌地位和消费者身份的好方法。奢侈品牌商店总是坐落在一个具有高度象征意义的地方，并且对橱窗陈列的每一处都很用心。一个好的橱窗是展示复杂而精致信息的地方，这是自然光下的广告。

这也是展示品牌世界的场景。整个品牌必须能够展示一个销售主题。当然，这并不意味着品牌所有不同维度的每一个销售点都要表达出来，而是综合表达。就像一个伟大的交响乐团必须能够整合所有的乐器演奏管弦乐。

我们已经看到了艺术和奢侈品之间的联系，尤其是奢侈品和现代艺术之间的联系。商店必须表明奢侈品是艺术品。引用安迪·沃霍尔（Andy Warhol）的话："总有一天，所有的百货商店都会变成博物馆，所有的博物馆都会变成百货商店。"品牌的现代性和声望，应该是见到其商店橱窗那一刻，就显而易见的。

客户关系管理

购买的时刻，只是客户进入品牌世界的过程中的一个步骤，当然这也是一个至关重要的步骤。事实上，购买奢侈品是一个漫长的过程，每一步都很重要。

售前，是客户梦寐以求产品的时期。品牌必须通过市场营销策略来准备并与客户沟通这个梦想。在奢侈品行业，从市场宣传到实际产生购买结果之间的时间间隔，通常以年计算。宝马（BMW）的美国市场总监曾被问到他们的广告策略诉求点，他回答说他的工作就是确保每个年满18岁的年轻人，每晚睡觉之前都梦想拥有一辆宝马（BMW）。

售中，客户在那一刻应该感受到愉悦。审美环境很重要，人文环境更是如此。客户面对品牌时不应该感到随意，也不应该感到有购买的压力。

售后，有必要让客户相信，他们花这么多钱确实是值得的，要正确看待品牌本身的核心、价值、传统、基本面和需求。

奢侈品会随着时间的推移而增值。如果它是耐用品，那么它本身就会增值；如果它的消费是即时的（例如游艇出海、品牌晚宴），那么它就要在记忆中增值。在后一种情况下，品牌应该通过物品来帮助纪念，例如每次活动结束后给到客人的礼品袋，再如活动后的媒体报道。品牌必须绝对培养并帮助创造这种感觉，无论是为了原则上保持奢侈品牌的调性，还是是为了"客户会再来，并推荐给他们的朋友"的商业效果。

一个贴心的会员体系的建立是很必要的。商店经理与客户保持独特的关系，提醒客户特别喜欢的新产品的到货，甚至预测客户每年从纽约到摩纳哥的旅行，并提醒摩纳哥的商店做好准备，等等。

除此之外，各种会员增值服务，如优先选购、积分服务，或仅限会员参加的店铺活动与体验，也无疑增加了客户的复购率，以及客户对于品牌的黏性。而增值服务，对于奢侈品牌的售后服务来说，不是一个可选项，而是必选项。富裕客户购买奢侈品，不仅仅是商品本身带来的社会地位与形象的提升，更是上流圈层的体验与尊贵感。更多的是，奢侈品牌，或者经销商，通过增值服务的方式让客户更深入地进入自己的世界。毕竟，富裕阶层客户对于每一个单一品牌而言，绝不仅仅是一次性消费。与之相对应的，经销商也很少只经销一个品牌。

国际化零售管理的挑战

奢侈品牌通过在每个国家更深入地拓展分销渠道进行竞争。这就产生了巨大的需求，成千上万的销售人员被要求向当地客户和路过的游客传递这种体验。教育方面的挑战是如此之大，以至于越来越多的奢侈品牌现在正在各大洲建立自己的大学。要衡量这一挑战，我们应该回想一下，大多数被招募的销售人员是否经常翻看本地的时尚杂志，是否经常参观当代美术馆，是否毫无奢侈品生活体验地将奢侈品销售给收入远高于他们数倍工资的人们？这也再次说明了销售培训的重要性。

　　与全球化有关的第二个挑战可以概括为一句话：一个品牌，一个世界。虽然每个商店都是一个业务单元，但客户也会出差、会旅行。他们可能会从网上获取信息，在北京查看产品是否具有吸引力，然后决定在去巴黎旅行时购买。因此，在管理方面，这意味着应该进行品牌层面的管理，而不仅是对商店的管理。另外，奢侈品客户希望在出差购物时也得以被识别被照顾，这就要求对客户档案进行非常有效地管理。

　　第三个挑战是财政方面的。奢侈品正从制造业转向零售体验行业。在世界经济增长的地方，创建高度体验化、直接运营的商店是非常昂贵的。很少有家族企业能独自承担得起。奢侈品行业的这种演变将有力地推动未来更多的集中化。

　　还有，任何旅行的人都会注意到，亚洲的服务要比欧洲发达得多。在亚洲，服务是第二天性。亚洲人在世界各地都要求这种水平的服务，无论品牌的国籍。对于想要走向全球的西方本土奢侈品牌来说，挑战在于灌输奢侈的态度。同样，形成、时间、控制和激励对于在全球提供相同的品牌服务也是必要的。

稀缺性的管理

　　从一开始，奢侈品就属于精英阶层，奢侈品是非常罕见的。因此，稀有和奢侈的本质是相同的。从奢侈品走进大众视野的那一刻起，如果它失去了稀有的属性，它就失去了它的本质，变成了普通。如果唯一的区别因素是价格，它就变得势利。为了维持它的地位，一件奢侈品必须"值得拥有它"，无论是通过品质、价格还是文化上的努力，通过顾客奉献时间（前往一个特定的城市，进入一个特定的商店）还是通过顾客的耐心（进入等候名单）。

　　自然的稀缺性源于奢侈品的概念：珍贵的原材料、合格的工匠的手工劳动，以及由此产生的生产系统的连贯性。在非自然方面，品牌也应该有组织地进行稀缺性管理。稀缺性管理是奢侈品战略的一个组成部分。在分销方面，选择性是这一战略的结果：稀少的销售网点，或繁华或独特的店铺位置，高质量的销售人员，展示性的商店，舞台般陈列商品。

数字化销售渠道管理

网络很明显是一种很好的低成本提高品牌知名度的方式，关键是保持品牌的正面形象。因此，品牌必须在互联网上进行传播。数字营销如今已成为奢侈品品牌建设的中心，它可以为每个人提供所有必要的品牌内容、品牌故事和品牌现状。然而，虽然数字化宣传是必需的，数字化销售奢侈品又是极其危险的，或者说，有必要用有技巧的符合行业逻辑的方式，而不是用大众网络营销的方式对奢侈品进行网络销售。因为大众方式的网络销售会造成渗透速度过快，让太多非目标受众变得太容易地接触到产品，这样很快就降低了品牌的梦想价值。因此，如果奢侈品必须接受数字化销售，那么它必须以极其专业的方式进行。

奢侈品要想在互联网上蓬勃发展，必须满足两个条件：正确的个性化识别和多感官体验。身份不确定阻碍了网上销售，即便是网络渠道，一对一的服务也很有必要。顾客在网络上与品牌沟通之后，走进品牌商店的时候，品牌要知道这是网络上沟通的那位顾客。那么大数据的串联就显得尤为重要。以 App 睿卿举例，顾客不知道买什么样的船，与睿卿沟通：想要哪国生产的，是帆船动力艇还是钓鱼艇，船身尺寸，内部配饰是什么品牌等需求。App 睿卿基于客户需求搜索符合条件的船艇型号，客户迅速得到所需求的产品详情后，至经销商处购买。经销商处也得知即将到来的顾客要提货，提前准备好。如若售后有任何需求，客户与 App 睿卿沟通，睿卿将立即得知顾客买了哪一个品牌、什么型号，是通过哪个经销商销售、停在哪个游艇俱乐部，然后妥善安排，给到客户专属的特定服务。

另一方面，奢侈品是讲究体验营销的商品，而不是陈列在网站上只显示价格就可以的商品。静态显示的价格，这不仅仅降低上述梦想的价值，更是无法展示奢侈品之所以是奢侈品的原因，以至于无法安心支付高昂的价格。VR、AR 的互动，让客户如亲临现场一般沉浸式体验，增强互动与细节感知，或者营造有艺术氛围的线上销售环境，才能与线下店面销售相结合，综合统一关于奢侈品的体验营销。线上销售渠道应该是与线下销售店铺相结合，打造立体多维的零售体验，而不是单纯将产品放在网站上面标出价格，那么线下体验营销的宗旨也应该融入线上销售的情景。

方法三：跨界渠道交叉获客

渠道客户识别、渠道拓展、客户关系管理策略、销售促进项目制定、包括但不限于线下活动联合推广、会员权益联合预售、产品服务相互绑定、B2B大宗销售合作、三方机构战略合作。

除上述行业内垂直渠道拓展，相同购买力客户的跨行业渠道拓展也是一种常见的营销拓展方式。不同行业的经销商之间，不同行业的品牌之间，奢侈品商家与高端金融机构之间，彼此强强联合新增客户，是彼此产生化学反应的常见合作项目。当然，前提是彼此之间的客户有相同的购买力。

爱斯睿筛选拥有共同目标客户人群的跨界渠道，通过一系列营销项目合作，实现合作机构之间同时新增富裕阶层消费者的目标。项目包括合作渠道机构列表筛选、销售导流合作项目设计、沟通协调与谈判对接、线下活动联络与合作协调、线上线下合作项目跟踪执行、多方合作项目定制与深度互动、合作机构合作备忘录与战略协议签署、项目全程的策划谈判与跟踪执行，最终达成大宗渠道销售或个人消费者导流的效应。

以财富管理公司为例，跨界高端综合地产商以及奢侈品经销商，我们通过线下活动联合推广、会员权益联合预售、产品服务相互绑定、B2B大宗销售合作、三方机构战略合作等一系列项目合作，帮助三方共同实现批量交叉销售导流。新增客户的同时，更降低了获客成本，使每个公司的获客成本远低于行业平均获客成本。

线下活动层面，定期举办地产商业主金融讲堂，并为其子女定制财商课，渗透业主成为财富管理客户的同时，财富管理为其客户举办综合度假之旅，以体验地产商集团的各个产品项目，实现交叉获客。同理于奢侈品经销商。经销商举办消费客户的金融讲堂，财富管理公司举办客户的超跑、游艇试驾体验与晚宴活动，以及综合旅行，彼此间进行交叉获客导流。

增值服务层面，地产商对财富管理公司客户定制特色度假卡、酒店折扣券、特色专属定制项目。财富管理公司对地产商业主给予年会以及活动邀请、特色项目专属定制、产品有限预留权等。互换彼此会员服务项目，以增强交叉获客的黏性。同理于奢侈品经销商。奢侈品经销商为财富管理公司客户提供特色综合体验卡、专属特色定制项目，财富管理公司对经销商消费客户给予年会以及活动邀请、特色项目专属定制、产品有限预留权，等等，以实现线下导流的互动黏性与频率，从而进一步成为彼此的客户。

产品服务捆绑销售层面，双方综合定制产品、场景金融嵌套协商沟通讨论、大宗合作协商谈判、双方进行大宗合作的价格制定，等等，实现批量销售。

综上所述，站在财富管理公司的立场，以 0.5% 转化率计，衡量地产商以及经销商的客户数量以及投入的成本，实现以远远少于财管管理行业2000 元的平均获客成本实现批量获客。站在地产商与经销商的立场，也分别实现了批量新增客户的诉求，并远低于行业平均获客成本的价格。

方法四：富裕阶层智能消费助理

精准营销的前提是只在目标受众市场进行营销推广。奢侈品目标市场为富裕阶层，哪里是富裕阶层集中地呢？富裕阶层又为何会汇聚于此呢？

如前文所说，顶级奢侈品产业链条分散，各环节各司其职。以游艇为例，获取产品参数的门槛颇高，非一般之处能找到，终于确定买哪一品牌哪一型号，又不知如何选择经销商以及游艇俱乐部。智能消费助理 App 睿卿，依靠人工智能技术与 C2B 运营模式，利用全球奢侈品链条的协同作用快速响应并满足高净值人群售前、售中、售后一站式需求，使高净值人群能够高效省时做出精准消费决策，并提供最贴心的售后服务。

通过睿卿 App，高净值客户可以 360° 高效获得全球范围内国际顶尖

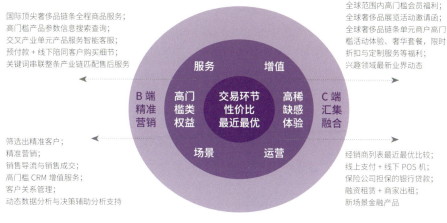

国际顶尖奢侈品链条全程商品服务；
高门槛产品参数信息搜索查询；
交叉产业单元产品服务智能客服；
预付款＋线下陪同客户购买细节；
关键词串联整条产业链匹配售后服务

服务　　增值

B端
精准
营销

高门
槛类
权益

交易环节
性价比
最近最优

高稀
缺感
体验

C端
汇集
融合

场景　　运营

全球范围内高门槛会员福利；
全球奢侈品展览活动邀请函；
全球奢侈品链条单元商户高门
槛活动体验、奢华套餐，限时
折扣与定制服务等福利；
兴趣领域最新业界动态

筛选出精准客户；
精准营销；
销售导流与销售成交；
高门槛CRM增值服务；
客户关系管理；
动态数据分析与决策辅助分析支持

经销商列表最近最优比较；
线上支付＋线下POS机；
保险公司担保的银行贷款；
融资租赁＋商家出租；
新场景金融产品

图7　资料来源：爱斯睿营销咨询公司。

奢侈品链条全程智能管家式服务、全球一线展览活动邀请函、全球范围奢侈品圈层高门槛会员福利，以及业内最新商业资讯动态。（详见"反常态的奢侈品牌营销军规"中第22条）

产业链私人管家式服务，以及高稀缺高价值的权益，使得睿卿App汇聚了众多公务机机主、游艇船东、超级跑车车主、高级珠宝腕表拥有者、国际家居品牌产品拥有者、私人银行客户、信托公司客户、财富管理公司分层客户、别墅与高端地产业主、飞机游艇俱乐部会员、国际奢华酒店客人。

在仅限于富裕阶层用户的场域内，C2B基于用户需求匹配产品服务，通过人工智能技术与行业逻辑参数精准匹配对接，为奢侈品产业链的各环节商家实现精准批量获客。

睿卿集精准营销、销售导流、场景交易、客户关系管理、高门槛增值服务体系为一体，动态大数据判断富裕阶层消费趋势以辅助营销决策。为奢侈品产业链的各环节商家带来精准批量客户的同时，也提高富裕阶层客户的整体服务体验，增加了彼此间的互动黏性。售前决策高效精准，售中选择最新最优，售后有链条管家服务，全球范围内稀缺尊贵权益体验，提供场景金融节省增值的综合场景服务，也增加了客户对平台的黏性。

产业链的各结构单元商家，包括制造商、经销商、关联商均可通过与睿卿建立营销合作的方式进行高效精准获客。如经销商已建立数字化体系，也可以线上线下相结合进行导流与批量获客。

与此同时，奢侈产业结构单元串联，营销模式升级改革，圈层跨界销售交叉导流，高端商业超级过路口，场景金融增加消费受众，睿卿也独创性地完成了对奢侈品产业的数字化工业革命。

上述四种方式之间也并非孤立存在，即便是选择了经销商体系进行销售，经销商自身也需要零售管理。除了垂直的经销体系与品牌零售管理，同等购买力客户的跨行业销售导流则提供了横向延展的获客。再加上富裕阶层智能消费助理，融合客户端与商家端的需求，满足客户的同时，线上线下为品牌与经销商提供批量交叉获客，这便是综合渠道管理与拓展，即行星间的系统化运动。

奢侈品牌商业发展模型

在前面的章节里，我们一起解读了如何成功应用奢侈品策略的管理法则，现在我们将阐述如何应用这些策略法则来实现盈利。公司的管理层强调品牌力作为一种竞争优势是很重要，但最重要的是它所依赖的商业模式。因此，我们的分析不能局限于对奢侈品牌的解读，还有管理品牌时，创造力、产品环节、渠道与宣传、营收模式之间如何相互作用与串联。总体来说，我们把奢侈品牌的运作模式分为下述五类。

类型一：核心产品线高盈利的商业发展模型

代表品类——箱包腕表。

这个类别，核心贸易的营收就足以保证公司的长期生存。这个类别的典型，主要在个人配饰市场（手表、珠宝、皮具箱包），还有汽车市场。它们可以每天使用并且被外人所看见，这使它们成为一款理想的奢侈用品。实际上，由于可见度与可使用性的频繁，即便售价昂贵，平摊下来的成本也不高。

路易威登（LOUIS VUITTON）历史上的核心贸易 Louis Vuitton Malletier 专注在皮具与行李市场。不可否认，在过去的几年，一些核心系列之外的产品在路易威登（LOUIS VUITTON）品牌下销售，例如鞋子、手表、纺织品，等等。尽管媒体宣传使这些品类也有了声音，使品牌更引人注目，但是对于品牌的商业发展盈利模型来说，它们依然是边缘的。皮具与行李箱的营收模式才是主流。

精英人士的日常商品是路易威登的 Trunk 邮差包，普通人的精品则是路易威登的手提袋与都市背包，二者的关联便是相同的材质和相同的视觉呈现。路易威登（LOUIS VUITTON）在世界范围内的财务成功和备受认可取决于二者之间相互的平衡与互补，这也是必须保持的：只要精英人士继续购买 Vuitton Trunk， LV 的手提袋与背包就保持着奢侈品的定位，即便是中产阶级在商店门口排长队，路易威登（LOUIS VUITTON）依然是奢侈品。当然，这些产品也有必要保持无懈可击的质量，制造商独家仅在路易威登（LOUIS VUITTON）店铺销售。

再来看爱彼（AUDEMARS PIGUET），它的品牌历史是一个不断创新的过程。1892 年发布了世界上第一枚具三问功能的腕表，1986 年推出首枚超薄自动上链陀飞轮腕表，1997 年首次推出三音锤三簧大小自鸣腕表，1999 年推出星轮三问，2006 年推出独家擒纵系统，革新了钟表界百年以来擒纵系统的运作方式。代表作的皇家橡树系列从 8000 欧元（普通人的精品）到 60 万欧元（精英人士的日常商品）不等。当然，8000 欧元对于大众来说并不便宜，但是可以佩戴十年以上，平均到每天每小时，价格也是划算的。

以箱包腕表为典型品类的"核心产品线高盈利的奢侈品类型"，其发展模式的具体特征，与产品（Product）、生产（Production）和渠道（Distribution）有关，具体如下。

在产品层面，品牌公司专注于核心业务，比如路易威登（LOUIS VUITTON）的箱包皮具、爱彼（AUDEMARS PIGUET）的手表，而不会进行过多的产品线延伸。另外，这些产品是可以永久性使用的，并不像香水那样快速消费。同时，它们有着严格控制的高度差异化产品的供应，每一个产品之间的美学和技术领域的重叠非常少，以便以最小库存量单位（SKU）覆盖客户的最大需求。新产品的发布次数很少，而每一次新产品上市都不是为了排挤老产品，而是为了让顾客有更多选择。每一款产品都是盈利的，而利润率最高的是中等级别的产品。入门产品的存在不是为了高盈利，甚至不是为了市场亮点宣传，而是亲切地吸引顾客进入这个品牌的世界，使顾客产生好感进而有品牌忠诚度，入门级产品也因此都是品质高度上乘。

在产品生产层面，从生产车间到客户的整个垂直过程完全受控。生产环节不存在结构性的生产分包，因为由工匠制造产品是梦想的一个组成部分，所以品牌亲力亲为。当然，市场的快速增长可能会导致需要寻找生产分包商，但这样做的目标是尽快整合它们成为新的整体，就像爱马仕（HERMÈS）通过收购 Perrin 整合它在里昂的丝绸供应商。生产环节在高度组织化的小型工坊中进行，而不是巨大的机械工厂。生产场所甚至比商店更重要，因为它在物理上更不容易靠近，并且对公众关闭，对于品牌来说是类似一种宗教仪式的寺庙。参观工厂是可以深入了解品牌文化的一种具体形式。例如路易威登（LOUIS VUITTON）的 Asnieres 工坊，或者法拉利（Ferrari）的 Maranello 工厂，客户参观通常是售前体验与售后服务的一部分，具有仪式感。

在渠道层面，产品的出口是被严格把控的。鉴于销售的重要性，让非目标受众和大众渠道参与进来是不可能的。这也是为什么奢侈品自建电子商务平台，而不会直接入驻比如亚马逊、京东等大众电商平台，大众电子商务平台如果想进入奢侈品领域只能以合资或者采取投资的方式，例如阿里集团与历峰旗下的 Yoox-Net-A-Porter 成立合资公司，京东投资 Farfetch 赴美上市等。

不可缺少的渠道严格管理看似缩小了市场规模，实际上，品牌通过非凡的盈利能力得到了补偿，并提升了相当大的价值增长。比如路易威登（LOUIS VUITTON）在 1972 年的时候品牌价值几乎为零，而在 2008 年（依据 Millward Brown）价值 260 亿美元。依据 2021 年 10 月的彭博报告显示，LVMH 的领军人贝尔纳·阿尔诺（Bernard Arnault）以 1 605 亿美元资产问鼎世界富人排名第三（第一名是 2 886 亿美元的特斯拉创始人兼首席执行官埃隆·马斯克（Elon Musk），第二名是 1 989 亿美元的亚马逊创始人兼首席执行官杰夫·贝索斯（Jeff Bezos），同理的还有卡地亚（Cartier）、法拉利（Ferrari），等等。这些品牌优秀的表现都要归功于公司非常严格的管理、全方位的综合竞争力（创作、生产、渠道、营销），以及对产品和它如何匹配客户的梦想的永久关注。

正如其类型名称"核心产品线高盈利的奢侈品"，这个类型下的品牌是有核心产品系列的，而主要盈利来源都源于中等级别的产品。昂贵的产品系列由于销售出去的数量较少，并非营收的主要来源。与之相对应的，入门级产品也不是高盈利区的产品，它们是旨在培养未来忠实客户的第一款产品，务必体现品牌重要标识与高质量的同时，不能定价过高把新客户拒之门外。综上所述，这个发展模式类型下的品牌，在制定产品系列策略时的特点是：有限的产品系列，高端线产品打造品牌形象而数量不多，入门级产品数量也不多，核心系列产品则是精心打造并包含高度差异化的产品，同时最大限度地满足客户的需求。

如下所示，核心产品线高盈利的奢侈品类型（常见于个人配饰如珠宝、腕表、箱包等，图8），与后面我们即将介绍的，核心产品系列高限制的奢侈品类型（常见于高级时装与高级定制等，图9），在SKU管理上的区别：

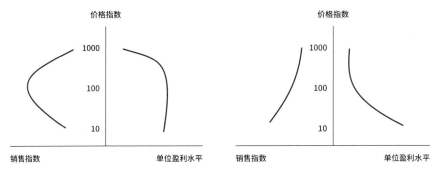

图8 奢侈品存货管理（Luxury SKU Management）
资料来源：图片由巴黎高等商学院（HEC PARIS）翻译。

图9 时尚商品存货管理（Fashion SKU Management）
资料来源：图片由巴黎高等商学院（HEC PARIS）翻译。

比起后边介绍的几种奢侈品发展模型，这个类型是最容易获得经济利益且名利双收的奢侈品发展模式。那么，是否只要进入这种核心产品高盈利模式的发展轨迹，就可以"自动驾驶"一般的高枕无忧了？有哪些陷阱需要避免呢？

首先，是避免多元化的产品延伸。前面章节我们详述了品牌进行资产延伸时的优势和劣势，对于核心产品线高盈利的奢侈品类型来说，保持专注于核心产品系列，才能利润最大化。例如卡地亚（Cartier）的核心产品是珠宝腕表，而不是延伸产品皮具与香水；比如路易威登（LOUIS VUITTON）的核心产品是皮具箱包，而不是丝绸与时装；再比如法拉利（Ferrari）的核心产品是跑车，而不是电脑与服装。离开核心领域之外，该品牌就变成了高级（Premium）品牌或时尚（Fashion）品牌，盈利能力将会下降。这也从侧面说明真正的奢侈品牌多元化，即品牌延伸，其实是非常困难的，尤其是当一个奢侈品牌因某个特定领域而成功，这个领域带来的强烈的品牌印象特质，是无法轻易整体转移的。品牌延伸在最初以很小的成本带来快钱，长期下来的成本远大于因品牌延伸所带来的盈收，还会拉低原有核心产品线的营收水平。像爱马仕（HERMÈS）从皮革制品转向丝绸，同时还保持了原有的核心贸易（皮革），并且还保持在奢侈品牌的范围之内，这种真正成功征服新领域的案例是极为罕见的。

都彭（S.T.Dupont）最初的核心产品打火机逐渐没落甚至消亡的时候，公司漂亮地转型做了钢笔。这两种贸易在技术和分销层面上都非常靠近，在公司面临绝境需要尽快转型的时候，品牌延伸策略起到了巨大的帮助。这确实是个成功的品牌延伸案例。然而之后的走向却最终导致了失败以至于都彭（S.T.Dupont）被收购：过多的品牌延伸进入了皮革和男士纺织品领域，这些领域都与核心业务相距甚远，只是为了品牌延伸而延伸。

其次，避免懈怠。不能因为品牌已经进入"自动驾驶"的成功路线，就放松放肆地享受胜利果实，例如设置过多不需要的岗位等。奢侈品牌是面对顾客的，任何不是直接提升梦想价值的巨大花费，到最后，都会削弱品牌的力量。

第三，避免内部厌倦。就像我们在 1986 年看到的 LV 关于交织图案帆布的案例一样，这是伴随成功而来的最大风险之一。最好的餐馆最终可能会对他们自身创建的美味菜肴感到厌倦，这是可以理解的，但由此推断客户也厌倦了他们，忘记了他们不是每天都吃这些菜，这将是一个严重的错误。持续专注于高盈利的核心产品，随着时间流逝，也许不再新鲜有趣，但却是明智的选择。

第四，避免否定过去。新团队在公司掌权是另一个风险。这会有一个强烈的诱惑和驱动力去拒绝过去或者干脆停掉对现有产品的维护投资，转而投入新产品，以证明自己的才华。这种情况最常见的行业是香水行业。在这类错误发生之后，我们也看到了最多情况的转机：在新产品推出失败之后，"伟大的经典产品"以周期性的方式再次受到青睐。莲娜丽姿（NINA RICCI）为了走出品牌原有的传统世界，故意精心推出的 Deci-Dela 是一次失败的案例。莲娜丽姿（NINA RICCI）在其后续的推广执行中（瓶身表现，宣传内容尤其是广告）重新激活了品牌的核心身份，才得以重回成功。这是一个在罗伯特·里奇（Robert Ricci）去世后以及几次管理层变动后被完全遗忘的核心身份，莲娜丽姿（NINA RICCI）的未来和核心身份不能被忽视或拒绝。通过对莲娜丽姿（NINA RICCI）品牌历史符号的分析，这个品牌的基础是在西方集体无意识中找到精灵的深层含义，莲娜丽姿（NINA RICCI）的品牌灵魂是增加女性气质。莲娜丽姿（NINA RICCI）的成功在本质上归功于品牌灵魂的回归，而这也是我们前面章节不断强调的品牌灵魂永恒的重要性。品牌灵魂，让奢侈品牌产品即使在多年的错误之后，也总能找到强大且仍然充满活力的核心身份，涅槃重生。

第五，避免硬性垂直整合。这种风险在所有垂直整合中都很常见，但也有奢侈品特有的一面："艺术迷雾"笼罩着不同制作过程。制作过程在美学方面是无法被量化的，良好的运转方式更多取决于个体对品牌共同梦想的直觉与理解，而不是建立在知悉具体的技术档案上。尽管技术参数至关重要，但仅有技术参数是不够的，因为它们过于简化。在这种情况下，为了提高效率的传统垂直整合战略在奢侈品行业很难实施，除非整合的组织方既懂美学又懂技术。

第六，也是最后一点，避免产品形象的饱和与庸俗化。这种风险是内在倦怠的反映。这里的倦怠感不是指公司运营团队的倦怠，而是客户头脑中的倦怠。这无疑是更严重的问题。甚至可以说，这是任何一个在全球取得成功的奢侈品牌面临的最严峻的风险与考验。例如路易威登（LOUIS VUITTON）与 LV 字母组合图案，民主化（积极）和庸俗化（灾难）之间的界限变得越来越模糊。当品牌使用同样的语言表达非常多元的文化时，更是如此，而这些多元的文化对于民主化还是庸俗化有着完全不同的感知。例如美国文化与有着王权阶层的英国文化。

问题在于，奢侈品领域的购买行为并不频繁，因此很难察觉到品牌的陈旧与客户的倦怠，特别是市场上依然嘈杂着大量非客户的错误信息，尤其是那些潮流引领者们的错误信息，还有那些对任何事情都三分钟热度的人的声音，想识别准确的信息不是一件容易的事情。因此，认真倾听真正客户的意见是非常必要的。拥有自己的店面网络，进行直接的客户关系管理项目，与受众保持近距离的关系，是非常主动而明智的选择。

类型二：核心产品线高度受限的商业发展模型

代表品类——高级定制与高级成衣。

有一种品牌公司，它们最初的贸易产品是极具声望的，甚至惊艳得无与伦比，但是产品没有利润，或者很难销售足够的数量，以确保公司的经济发展（市场太小，并且无法将产品的高品质进行标准化，例如高级定制时装），或者不太可能扩大产品范围进行系列化（例如高级餐厅与城堡）。在这种情况下，品牌的梦想是由极具声望的最初的贸易产品（例如高级定制时装）来承载，而利润是通过该品牌下的其他产品来实现（例如化妆品）。

在这种情况下，有两种发展模型可以应对盈利能力方面的挑战，就是我们在"品牌资产的延伸"篇章中提到过的，金字塔模型与星系模型。我们下面将会详细论述这两种模型，还有金字塔模型微调后的钻石模型。与前文的核心产品线高盈利的奢侈品牌（箱包、腕表为代表品类）有所不同的是，核心产品线高度受限的奢侈品牌（高级定制与高级成衣为代表品类）的利润都来自于它最便宜的产品线，而不是品牌最初最核心最光彩夺目的产品线。

金字塔模型

最典型的例子就是法国的高级定制（Haute Couture）时装产业。如今，法国的高级定制时装市场已经接近消失，香奈儿可能是唯一收支平衡的品牌。高级定制（Haute Couture）的自然延伸市场——高级成衣（Ready-To-Wear，也被称为 High Fashion），也不再在法国生产，这进一步导致了品牌相关的经济损失。然而，意大利的情况却与之形成了鲜明对比。在意大利，本土的高级定制时装产业可以支持乔治·阿玛尼（GIORGIO ARMANI）等公司获得成功。这离不开业务发展模型的选择，以及品牌资产延伸的程度。

面对高级定制时装（Haute Couture）的经济亏损，以及高街时尚（High Street）例如 H&M，ZARA 和 MANGO 在财务上的成功，法国高级时装不得不证明这种经济亏损是对品牌的投资，并且通过其他产品进行补偿，例如衍生产品，来获得财务上的成功。然而，这种补偿的方式往往会导致该品牌退出奢侈品界。因为真正的奢侈品是 T 台上的高级定制时装，而不是高级定制时装的边缘元素。

经典的金字塔模型如图 10，从上至下，品牌梦想的光环越来越弱，而盈利能力越来越强。因此，高级定制品牌公司有必要根据一系列的层次来设计他们的产品线，从最高的排他性艺术品，依次到细分市场中很便宜很容易买到的产品系列。这种运作方式被称为"金字塔"模型，因为它始于一个狭窄的顶峰领域，由稀有独特的作品，或者手工制作的无价的艺术作品开始，逐渐扩大客户范围和传播力度。品牌的华丽梦想在金字塔尖级别的产品上不断重现，并延伸到不同的产品上：成衣系列、时尚配饰、手表、

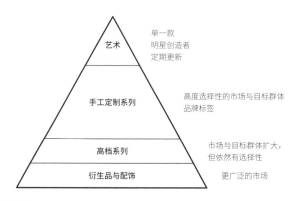

图 10　资料来源：爱斯睿营销咨询公司。

　　　　　　　　　　　　　　奢侈品思维：爱斯睿，艺术化的宇宙观

眼镜、香水、化妆品等。

在金字塔模型中，真正的挑战是，承载品牌力的不同产品之间要保持严格的一致性，从而形成一个真正的"品牌宇宙"。能否形成品牌宇宙的测试方式，便是看它们能否在同一家商店中展示和销售。仅仅拥有一个共同的标识是远远不足以形成"品牌宇宙"的，产品之间必须要像整个剧团一样能够提供一个连贯完整的表演，就像交响乐团在指挥棒的指挥下把所有的乐器集合在一起。同时，"指挥"在现场也是必要的，现场表演是高级定制品牌非常重要的品牌力呈现。视频技术的发展对高级时装品牌非常有帮助，因为它可以创造一个无限循环播放的T台秀，确保神话的真实性并永远存在。

除了上述挑战，金字塔模型还存在两个风险：一是创造力的稀释；二是来自金字塔底层的对品牌力的"污染"。当产品线离开金字塔尖的顶峰领域时，创造力会被稀释。当高级定制时装品牌失去了创造力，就会失去对客户的影响力，失去对其他阶层的权威。皮具、香水或钟表制造，这些原本是高级定制时装品牌从金字塔尖下沉的产品线，也可能会受到诱惑自行经营。另一方面，当高利润率的小产品诱惑品牌进入了赚快钱的模式——只要品牌保持其声望，不再追求高创造力，就可以实现高利润的大规模销售时——品牌就已经受到来自金字塔底层的污染。如果再遇到渴望快速赚钱的资本方来管理品牌的时候，那么来自金字塔底层的对品牌力的污染风险就会更大。

在这种商业模式下，小产品的利润最高，销量也更大。因此，它们的财务贡献是重要的，有时甚至对公司的经济稳定是必不可少的。然而，在这种情况下的品牌却是极其脆弱的。一个脆弱的品牌在快速赚钱的压力下，自然的诱惑就是在它力所能及的范围内发布任何东西。这意味着它将成倍增加其授权，同时为自己提供一个"创意办公室"，该办公室将根据对其财政贡献的能力来选择授权方，并提供创意人才，发展成本最低的新产品线。但如果真的如此，这无疑进入到了伤害品牌力和创造力的恶性循环中。

因此，很多高级定制时装品牌为了长远的品牌利益，将金字塔模型微调成了钻石模型。

香奈儿的案例很有趣，因为它成功保持着高盈利能力。它的金字塔模

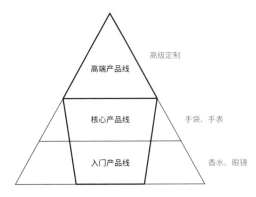

图 11　CHANEL 的金字塔结构　资料来源：爱斯睿营销咨询公司。

型是独特的，因为不仅仅金字塔顶端的高级定制（Haute Couture）是奢侈品，香奈儿（CHANEL）品牌下的每款产品都是奢侈品。

　　在加布里埃尔·夏奈尔（Gabrielle Chanel）［又名可可·香奈儿（Coco Chanel）］早已去世的情况下，香奈儿在高级定制时装方面的成功，还有另外一个特点：品牌（保证奢侈）和设计师（保证时尚）的串联结构。卡尔·拉格菲尔德（Karl Lagerfeld）在为这家高级定制时装公司创作的作品中充分尊重"香奈儿精神"及其符号。与此同时，卡尔·拉格菲尔德（Karl Lagerfeld）通过自己的品牌表达自己的个性，并为其他公司（FENDI，H&M）工作，从而避免了个人与香奈儿（CHANEL）品牌之间的任何混淆。因此，香奈儿金字塔模型不是由不断向下延展的层级组成，而是由一个个排列的迷你金字塔组成，在质量和价格水平上几乎没有下降（除了眼镜和 T 恤）。

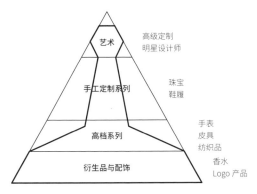

图 12　DIOR 的金字塔结构　资料来源：爱斯睿营销咨询公司。

奢侈品思维：爱斯睿，艺术化的宇宙观

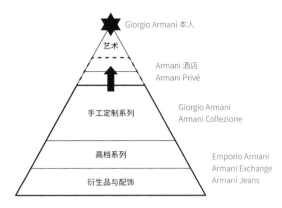

图 13　ARMANI 的金字塔结构　资料来源：爱斯睿营销咨询公司。

　　迪奥金字塔的特点是，曾经由天才设计师约翰·加利亚诺（John Galliano）亲自操刀高级定制（Haute Couture）以及高级成衣（Ready-To-Wear）的女装（Christian Dior）设计，使迪奥（DIOR）处于品牌巅峰段位，同时以金字塔底层的配件系列完成公司大部分营收。

　　直到 2005 年，阿玛尼一直被定义为缺少顶尖的金字塔模型结构。它令人印象深刻的国际性成功好像并不需要高级定制光环。它的多条产品线完整而清晰地降序排列，从 GIORGIO ARMANI，到 ARMANI COLLEZIONE 和 EMPORIO ARMANI，再到 ARMANI EXCHANGE，直到面向年轻人的 ARMANI JEANS。不同产品线对应着不同的精品店价格层次、目标人群和排他程度。每个品牌都可以看到相应的配件系列，并且更广泛地分布在多品牌商店（眼镜、化妆品、香水）。随后，乔治·阿玛尼（Giorgio Armani）意识到金字塔顶端的缺失，长期来看，将威胁整个品牌帝国，于是他在巴黎推出了高定系列 ARMANI PRIVÉ，使金字塔结构得以完整。

星系模型

　　星系模型和金字塔模型，对于品牌来说，适用于相同的发展阶段，所不同的是，金字塔模型在顶端、中间、底端对产品线有着清晰的级别划分，而星系模型对所有产品一视同仁。每一个产品都承载着品牌的灵魂与梦想，同样都是进入品牌世界的大门。

就像一个星系是由不同独立的恒星系统组成，而恒星星系是由中心黑洞的万有引力联系在一起的一样，星系模型也依赖于一个人的才能或吸引力。比如拉夫·劳伦（RALPH LAUREN）不仅有许多成衣生产线以及相关配饰，还有亚麻纺织品、家具家居用品甚至拉夫·劳伦（RALPH LAUREN）油漆。在星系模型下，我们看到的不再是品牌创造的神话，而是创始人梦想的领域，如拉夫·劳伦（Ralph Lauren）所言："其他设计师有品位，我有梦想。"

然而，星系模型保证所有产品都处于同一段位，却不能保证每一个产品都是奢侈品。拉夫·劳伦（RALPH LAUREN）就不是一个奢侈品牌，金字塔模型下的品牌和顶端产品却永远是奢侈品牌和奢侈品。另外，星系模型不需要像金字塔模型那样，在同一个地方销售所有产品，以展示品牌的一致性。星系模型下的品牌，其创始人的个人色彩就是保持这个品牌一致性的灵魂与理念。

但这会导致未来巨大的风险。由于星系模型过于依赖一个人，那么这个人就必须时刻保持稳定的巅峰状态。这其实是很难做到的。哪怕创始人自然的年龄增长，都会影响品牌的文化魅力，甚至最终导致一切崩溃。即使是像皮尔·卡丹（Pierre Cardin）这样有天赋的人，也没能长久地把自己的同名品牌保持在高水平，无法让他星系模型下的品牌帝国永远保持在奢侈品领域之中。如今，几乎已经没有人知道并认同皮尔·卡丹（Pierre Cardin）当时奢华的品牌梦想了，而且，这个品牌也不再寻求传达这个梦想了。

星系模型的品牌，能在创造者去世后，依然长久保持品牌魅力而幸存下来吗？很难。为了确保品牌整体的凝聚力与持久的魅力，创造者必须活着，并且长期处于巅峰状态。或许，只有古希腊的黄金木乃伊才可能完成对永生的追求。他们相信永葆光泽的黄金，象征着太阳的反射光，会得到太阳的照耀并受到太阳神奇的保护，使他们得以永生，并且在来生更有资格成为神一样的存在。

除了时装时尚行业，星系模型也适用于艾伦·杜卡斯（Alain Ducasse）这样的豪华餐厅，以及凡尔赛宫、香波宫或泰姬陵，等等。当星系模型中的引力中心不再是一个人，而是比如承载着永恒梦想的建筑，星系模型中的品牌在历史的长河中才能更容易走得长远。

类型三：香水的商业发展模型

香水是如此重要的一种产品，在奢侈品界是如此独特，以至于它最终创造了自己的商业模式也就不足为奇了。原因有很多，一个是我们每个人与香水的关系，具体的同时又不可量化；另一个是高质量香水的价格对许多人来说都是可接受的。香水实际上是进入奢侈品世界的第一款消费商品，并以一种可行的方式对其他奢侈品的消费进行渗透与导入。

这个市场有三个强大的、原始的并且结构化的特点。首先，营销宣传的从来不是气味。即使一款香水是"单一香味"，它的名字里，或者它的宣传里也不会提到这种香味。CARON 的 Pour un Homme 不是只关于薰衣草，YVES SAINT LAURENT 的 Opium pour Homme 也不只是关于波旁香草，虽然它们都是单一香味。当你具体而准确地谈论一种特定的气味时，几乎没有例外，它马上就会降级成除臭剂或者空气清新剂，那才是宣传是松树还是薰衣草气味的世界。

与图形或者声音相反，没有人可以找到一种方法来大规模地、忠实地、低成本地再现气味。除此之外，用文字描述也是不可能的，除非是每个人都知道的气味，比如玫瑰香味。但如果真是这样，对于奢侈品来说必不可少的原创力又在哪里呢？因此，瓶身的设计、香水的灵感来源，以及香水所表现的气质，成为宣传的真正重点。

其次，香水是一种拥有较长生命周期却又需要经常购买的商品。这个特点在奢侈品领域里相当独特，保持永恒与不变的同时，又是快速消费需要经常购买。双重方面的紧密结合，使香水成为奢侈品领域中一种独特的产品，同时也是其最大的市场之一：它在渠道分销方面与普通的快速消费品极为接近，而这让它得到快速发展。

第三，香水的毛利率很高，然而它的盈利能力却不高。香水在商业上成功的代价是，尽管毛利率非常高，但最终的盈利能力只是平均水平。20

世纪 90 年代中期之前，香水一直是一个非常有利可图的行业。然后在大型集团的"Mass-prestige"（信誉卓著的大众品牌）品牌压力下，例如欧莱雅或者宝洁，宣传发布的成本呈戏剧性的直线上升：全球发布的成本由 80 年代末期的 1000 万美金上升到 90 年代末期的 1 亿美金，然而它们的货架周期却从十年期下降到一年期。这彻底改变了香水的生意经，只留下一小部分资金投资香水本身，大部分金钱流向公关宣传。

由于香水价格平易近人，不再是金字塔的精英产品，受众群体广泛，也因此造成了宣发成本高昂不下，连平日维持"梦想印象"的营销成本都很高。与此同时，新产品的生命周期却越来越短，参与香水市场竞争的除了信誉卓著的大众品牌，还有连续不断宣传的奢侈品牌旗下的香水系列，更有明星推出的香水品牌。比如蕾哈娜（Rihanna）、Lady Gaga 推出的香水因注入明星效应而吸引眼球。琳琅满目且不断出新的香水让单一香水商品得到的关注越来越少，自然竞争也越来越激烈，宣传成本也变得越来越高。再加上互联网电商平台，以及丝芙兰（SEPHORA）店面的渠道压力，奢侈品牌香水的盈利能力可想而知。

要逃离这种成本挤压，如果依然在这种体系下，那么就要有极致的原创力脱颖而出，例如 Vera Strubi 宣发 Angel 香水；或者控制渠道，例如安霓可·古特尔（ANNICK GOUTAL）；再或者在业务中保留一小部分奢侈品香水业务，并且单独管理，例如香奈儿（CHANEL）、娇兰（GUERLAIN）、爱马仕（HERMÈS）。

若把香水的商业模式分类，即，一是与高级定制相连的奢侈品牌香水，二是高级与大众高端品牌香水。那些源于高级定制品牌的香水，例如香奈儿（CHANEL）的 No.5，莲娜丽姿（NINA RICCI）的 L'Air du Temps，圣罗兰（YVES SAINT LAURENT）的 Opium 和 Paris，穆勒（MUGLER）的 Angel，这些奢侈品牌的香水的梦想部分，不来自香水及其香味本身，而来自服装设计大师们的艺术设计光环。因此，对于这部分香水来说，它的商业模式即是推出一款单香并使其永远持续下去，使时装设计师的宇宙不朽。它不需要宣传发布（Launch）一款香水商品，而只需要介绍（Introduce）时装设计师宇宙下的一个新发现的单品。这种香水策略是唯一能带来持久高财务效益的策略，当然，要配合这个奢侈品牌的其他营销项目一起。

而对于高级与大众高端品牌香水来说，它的盈利模式来源于定期且高频率的宣发产品，并快速替换迭代。通过第一个宣传商品的销售收入来进行第二个、第三个商品的广告宣传，从而实现营收，并快速周转货架商品。这些重复推出产品的理由通常来自于日益详细的细分市场分析，其中三种参数相互作用：购买香水的动机是为了自我还是为了诱惑？香水是为男士还是为女士？以及目标顾客的心理轮廓。品牌的潜在市场细分，为不同的客户类型而产生，每一个类型维持运行着一个不同的香水项目。

在这个盈利模式下，香水的价值不在其自身的香味、包装与瓶身，而在于广告和营销。这是典型的以需求为导向的市场策略，而不是基于强大品牌个性的供给市场策略。这类香水的广告是可以互换的，因为与创作者的联系或者提供连贯性的创意根源已经被目标分析和基于每个目标的刻板印象的使用所取代。

类型四：高端重资产的商业发展模型

代表品类——高端物业与奢华酒店。

前三种商业模式主要涉及所谓的"轻工业"贸易，与之相反的是"重工业"贸易，其特点是固定成本非常高，需要大量的销售收入来平衡它们。它们主要出现在奢华酒店、航海业与航空业。为支付并平衡高昂的日常成本，需要整合收益管理型的价格逻辑，不断调整依据豪华服务所对应的价格。面对高昂的造价与成本，唯一的解决办法是通过提升奢侈的程度来提升售价。

为了提升更优质的服务以提升价格，奢华酒店采取星系模型：雇用米其林厨师，用超新鲜食材制作精致创意的美食；国际一线建筑设计师与室内设计师作品；意大利一线家居品牌的家居配饰；国际化战略，酒店遍布各国一线城市；酒店一层入驻有奢侈品牌旗舰店；酒店点灯节；跑车接送，与游艇合作联合推出增值服务；以及各种奢侈品派对活动场地等。

沿海城市的奢华酒店与游艇合作，比如上海半岛酒店（PENNISULA）与意大利游艇品牌阿兹慕（AZIMUT），香港半岛酒店与意大利游艇品牌圣罗兰佐（SANLORENZO），联合推出租船套餐项目，以提升综合服务的档次。甚至，有些游艇俱乐部就隶属于高端地产商，比如清水湾游艇俱乐部和雅居乐，收取停泊租赁与增值服务的会员费，以游艇项目提升楼盘形象，服务游艇船东的同时，也拉动高端物业的销售。有时候，地产商也是奢侈品经销商，比如福日集团，经销的奢侈品业务自然就成为集团旗下高端物业业主与酒店客人的增值服务，如游艇出海、帆船赛、法拉利酒会活动，等等。

游艇与公务机品牌也是如此。国际一线游艇设计师作品；国际一线家居品牌的家居配饰；国际化战略的品牌效应；提供各种高稀缺增值服务，比如亚太区游艇经销商 SIMPSON MARINE 提供租游艇观看摩纳哥 F1 赛事的项目，比如中国公务航空集团提供公务机包机去极地旅行的项目，比如公务机与游艇制造商在其产品上举办各种奢华派对，等等，以提升产品价值与价格。

与奢华酒店不同的是，由于身处奢侈品领域金字塔尖，产品价格极其昂贵，购买者可以定制自己独一无二的游艇与公务机。另外，由于交易复杂，产业链条结构单元众多，并非只有买卖一个互动环节，因此，每一个环节都有着提升附加值的升值空间，比如，游艇俱乐部的日常出海运营中的综合服务、游艇经销商配合销售的市场活动。

至于这些隶属于奢侈范畴的增值服务的价格，虽然会综合提升整体品质价格，难免也会有促销季，以免高处不胜寒。对于所有人同时降价的时候还没有什么具体问题，但当情况并非如此的时候，降价的管理方式应该是既不损害为相同服务支付更高价格的人，也不损害支付较低价格的人。

对于支付更高价格的人来说，奢侈品世界是一个等级分明且相互隔离的分层世界。支付全价的人认为这是只限于少数人的极乐世界，服务费支出便是壁垒之一。如果他们知道有人没有支付费用而加入了他们的世界，他们需要一个很好的理由不去排斥这些人，例如特价可以与具体特定而令人愉快的事件挂钩，例如度蜜月、常春藤毕业特权等。

对于支付较低价格的人来说，奢侈品世界意味着高稀缺性的世界。除非特别解释，否则较低价格会被认为是低价促销，失去了稀缺性的商品服务，也不再被认为是奢侈品。因此较低的价格必须是合理的，作为一种特殊的个人礼物保留给特定的人。比如会员增值服务回馈，或者新客好礼。

类型五：高科技含量的商业发展模型

代表品类——跑车与音响。

提到高科技，貌似好像与奢侈品无关？高科技意味的"持续不断地迭代升级"，与奢侈意味的"稳定的经典永恒"截然相反。高科技与时尚好像也相距甚远？一个时尚产品或者一件时装，潮流过去后，未来有可能会再度流行起来，三年一个复古小回潮，七年一个复古大回朝，你只需要等待它的再次流行；而一台电脑几年过后就完全被淘汰了，新产品迭代得太快了，等待完全没有意义。

技术越新，这种矛盾束缚越强烈。然而，对一些奢侈品类来说，这种技术创新是内燃机一样的存在，而外部的市场策略，依然使用奢侈品发展与宣传的方式。这也就导致了客户有两种完全相反的预期，一是时刻保持在潮流前沿，二是完全享受过程而不受影响。与之相对应的，在这个领域内也有两种完全相反的奢侈品策略，一种是最大化显示出它的科技复杂性与优越性，比如强调性能的运动型跑车；一种是使用简便，比如无人驾驶按钮，看不见内部，但是依然隐含着高科技。

对于这个领域来说，如若产品和服务可以被分类讨论，它是比较容易稳定在奢侈品层面的。无论是服务还是产品，只要任意一项是奢侈品级别，它就可以停留在奢侈品世界。比如诺基亚旗下的 VERTU 手机，它的私人管家服务是奢侈品级别的，产品层面的珠宝材质也符合这一定位。它的宣传方式是按照奢侈品一样的宣传手法，而不是科技产品的营销方式。

最难管理的是有形产品和无形资产（服务或设计）无法分离论述的科

技类奢侈品。比如音响品牌 Bang & Olufsen，它的成功就是波动的，必须设计与技术都时刻保持顶尖水准，才能停留在奢侈品市场。但是保持设计的前沿先锋和保持技术的前沿领先，是两个完全不同维度的事情，通常情况下很难同时做到。相比之下，VERTU 只需材质和客户服务的优秀，并不需求保持前沿，相对简单。果不其然，20 世纪 80 年代因经典设计而进入纽约当代艺术美术馆的 B&O，在 90 年代它的设计不再前卫，科技方面也输给了竞争对手 BOSE，遭遇了市场财务损失。

让我们再来看一看汽车领域。在燃油汽车根深蒂固的市场环境下，特斯拉（TESLA）先锋地成为世界上第一台电动汽车。由于动了别人的蛋糕而四面楚歌的同时，新鲜事物与高新技术适应市场也需要时间，但不管怎么说，一路披荆斩棘，特斯拉（TESLA）最终成为电动汽车行业的世界霸主，创始人马斯克也在 2021 年的 10 月成为世界首富。然而，特斯拉（TESLA）能成为电动汽车的龙头，真的只因为它是第一个做电动汽车的吗？世界上有太多后来者居上的情况，市面上也一直有这样的观点：传统豪华汽车品牌一旦开始做电动汽车，就没有新势力（特斯拉、小鹏汽车、蔚来等等电动汽车品牌）什么活路了。如今 BBA（奔驰、宝马、奥迪）确实也进入了电动车市场，奥迪有 e-tron，奔驰有 EQC，宝马有 iX3，怎么都没能击败 TESLA 的一路高歌呢？

表 1　各品牌纯电动车型对比

品 牌	车 型	定 位	智能化	NEDC 续航里程 /km	0～100(km/h) 加速时间 /s	售价 / 万元
宝 马	ix3	中型 SUV	L2 辅助驾驶，新款支持 OTA，老款不支持 OTA	490/500	6.8	39.99～43.99
奔 驰	EQC	中型 SUV	L2 辅助驾驶，不支持 OTA	415	6.9	49.98～62.28
奥 迪	e-tron	中大型 SUV	L2 辅助驾驶，不支持 OTA	465/500	7.5	54.68～64.88
蔚 来	ES8	中大型 SUV	L2 辅，支持 OTA	450/580	4.9	46.8～62.4
特斯拉	Model Y	中型 SUV	L2 辅，支持 OTA	525/566/640	3.7	27.6～38.7

注：数据来源于公司官网。

论配置性能，BBA 的三款电动车的操控感和驾驶感受都是顶级的。奔驰 EQC 整个中控台除了配置钢琴烤漆的硬质面板外，基本都被皮质材料包裹，车门板上也采用了高对比度缝线的皮质材料。为了提供绝佳的隔音效果，奥迪 e-tron 全车从头到尾覆盖式地配置了隔音罩、隔音棉。为了保证安全，宝马甚至自建电池工厂，对电池进行严格的测试和包装。

难道是因为贵吗？这些车价格都在 50 万元人民币左右。宝马 iX3 倒是相对便宜一些，但也是奔着 40 万元去的。不过，BBA 本身的定位就是高端，卖得贵一点也实属正常。但是真正的致命问题却是：即使降价 10 ~ 20 万元人民币，其参数依旧会被没几年历史的新势力全面吊打。以一个燃油高端车的逻辑来看，奥迪 e-tron、奔驰 EQC、宝马 iX3 堪称优秀；但从一辆电动车的角度来看，这些车毫无亮点，甚至被年轻消费者吐槽为高级老年代步车。

BBA 三家电动车的续航里程都没超过 500 公里。除了新改款的宝马 iX3 外，其余都不能实现 OTA 升级（即远程下载软件更新包对自身系统进行升级）。在智能化上，BBA 相当落后。奥迪 e-tron 配备了 ACC 自适应巡航、车道保持等功能。但特斯拉、小鹏早已推出了自动导航辅助驾驶系统，可以实现自主变道、超车、自动出入高速公路匝道等辅助驾驶功能。

在加速性能上，蔚来 ES8 的零百加速达到 4.9 秒，其加速能力不亚于售价百万元的超跑。哪怕小鹏 P7，一款入门款价格只有 22.9 万元的电动车，其零百加速时间最快也已经达到了 4.3 秒。但是，BBA 电动车的百公里加速时间都还停留在 6 秒、7 秒的水平。

当新势力们把所有物理按键都集成到一块屏上，且屏幕越做越大时，宝马 iX3 依旧保留着复古的仪表盘和挡把。

为了让消费者愿意购买电动车，全行业的电动车企都在拼命提升自家车辆的续航里程。如今，市面上 20 万元以上的电动车普遍续航里程都在 500 公里以上，有些车甚至奔着 600 公里去了。为了增加科技感从而提高关注度，新势力们疯狂军备竞赛，今天这家推出搭载了激光雷达的新车，明天那家就宣称正在自研芯片。

而目前 BBA 推出的电动车都是"油改电"。这样的好处是成本低，但生产出来的电动车在性能、智能化上与纯电平台上生产的纯电动车有不少差距。在新势力们追求极致性能、拼命提高续航里程的时候，BBA 的工程师们想的是如何保证电动车和燃油车一样的驾驶感受，更关注内外饰设计，车的可靠性、耐久性。

然而，真正愿意买电动车的都是什么人？一部分是没有燃油车指标不得不买电动车的人，对于这部分客户来说，电动车首先是代步工具，所以排在内饰与操控感的，续航里程才是最重要的。另一部分客户是已经拥有过燃油车，想感受完全不同于燃油车的驾驶体验。

时代变了。BBA 的优势是建立在"发动机和变速箱"上的。燃油车时代，车的差异化主要体现在动力系统技术上。动力系统好，车的性能好，车就能卖得更贵。但在新能源时代，电机可以提供普通发动机加变速箱总成所无法比拟的低速段加速度。对于任何一家纯电动车来说，打造媲美高端燃油车的动力体验都不是难题。BBA 依靠动力所产生的高溢价和竞争力在电动车时代变得不再适用。

"特斯拉们"重塑了另一套关于车的价值体系。对于电动车，衡量标准不再是内饰、动力、操控感，而变成了续航里程、智能化以及科技感。经历了一波舆论的引导，不少消费者也开始接受"特斯拉们"创造的新一套产品逻辑和定价体系。面对电动车，在消费者心里，高续航里程、支持OTA 是标配。在此之外，自动辅助驾驶水平、智能化水平、酷炫的科技配置、颜值则是加分项。如此看来，在高科技含量的品类赛道，对于科技的迭代能力与前沿市场需求的把握，才是王道。

定价策略

　　任何一种发展模式都离不开定价策略。对于奢侈品行业来说，价格并不是奢侈品策略的主要因素，而是奢侈品策略的结果。然而尽管如此，也尽管奢侈品比普通商品享有更多的定价自由度，定价仍然是一个至关重要的运营决策。

　　一般来说，一个奢侈品牌必须使其平均价格持续增长。动态地扩大品牌市场，并不是通过降低价格门槛使客户的绝对数量增加，这会降低品牌价值，而是增加不考虑价格因素的、真心想进入这个品牌世界并支付其品牌价值的客户。入门级产品是吸引消费者进入品牌的引擎动力，产品同样的高质量让它与奢侈品策略并不冲突，例如路易威登（LOUIS VUITTON）的小皮具，蒂芙尼（TIFFANY&CO）的小珠宝，皮埃尔·爱尔梅（PIERRE HERMÉ）的小块马卡龙。但是不断推出入门级的低价新产品，是品牌价值衰退的表现，如果品牌没有构建高中低不同档位的产品线，仅仅频繁推出入门级产品，甚至是退出奢侈品牌定位的信号。

　　与大众市场中任何强势品牌低价促销的定价逻辑不同的是，奢侈品价格的上升导致其销量的增加是很常见的。某种程度上这就是奢侈品的特殊性。凡勃伦效应对于任何不理解奢侈品和普通商品之间深刻差异的人来说，都是矛盾的，但在实践中却很难管理。下面我们将在常见的三种情况中扩展这个主题。

1. 现有产品线的价格提高

奢侈品客户都是行家，他们非常清楚他们买的是什么，是奖赏自己还是作为礼物送给别人，以及产品的价值几何。没有任何理由而随意提高价格，把奢侈品客户当成"冤大头傻瓜"，只会让品牌自己成为失去客户的傻瓜。

事实上，一个产品销量好，无论是奢侈品还是其他产品，都是因为它定价在了正确的价格上。对于已经在市面上稳定销售的产品线来说，凡勃伦效应在这种情况下并不适用，除非有个非常好的理由，否则价格不应该无缘无故上涨，有理由价格上涨的时候也要通知客户。这就是路易威登（LOUIS VUITTON）在皮革制品方面的运作方式。当汇率波动过大时，它在日本和美国的本地价格就会发生变化。以日本来说，品牌与客户之间的情感关系非常密切，该公司在日本媒体上发布消息，并详细介绍日元兑换欧元的汇率变化，才导致了商品在日本市场的价格上涨。

当没有任何外力推动的理由，品牌还要决定轻微上涨价格并希望保持销售稳定，那么就要特别关注，在客户眼中，产品价值上涨的部分是否与价格上涨的部分成比例，并愿意支付这部分上涨的价值。产品并不会因为多放置了一些黄金或者钻石，就提升了价值。价值的上涨来自满足了奢侈品顾客的"华美的梦想"。你需要理解这份梦想，并且懂得如何让产品更好地满足顾客这份"梦想"。

更重要的是，有必要长期持续地这样满足顾客"华美的梦想"，以确保客户一直追随。库克香槟（KRUG）已经这样做了 25 年。之前在人头马（RÉMY MARTIN）家族的管理下，现在的库克香槟（KRUG）已经隶属于 LVMH 集团，一直将长期的价值创造优先于短期的销售增长，并时刻做好失去或者说更换渠道客户的准备：以注重增加价值的客户，替换掉注重价格的客户。

当然，营销力度与品牌宣传推广也要配合价格上调的策略，品牌需要和消费者沟通这上涨的溢价的价值在哪里。同时，即便上涨价格，品牌也需要知道上涨的区域范围在哪里，超过了可被接受的范围，客户也会离你而去。

系统性价格提高后，营收自然而然会增加。这增加的营收部分，其他行业的做法通常是扩大产量，以规模效应降低成本。奢侈品行业增加营收后的动作并不是扩产降价，而是为提高产品品质再投入成本，使价格上涨或维持不变。再一次以路易威登（LOUIS VUITTON）举例，经典字母组合产品的销量强劲增长，对拉链等配件产生了相当大的规模经济效应，但也增加了皮革成本。但由于营销的功力使销售收入增长超过了成本增长，最终产品的总成本还是降低的。但路易威登（LOUIS VUITTON）并没有因为造价成本降低就降低零售价，而是投入资金去改善拉链的质量，零售价格维持不变。

2. 现有产品线的新系列的价格提高

这里需要先澄清一下，我们不是在谈论将品牌扩展到新的产品类别领域，即第二章中的"品牌资产的延伸"；也不是补充系列，例如吸引新客户的入门级产品。我们讨论的是，在该品牌的核心产品领域引入一个新产品系列，面向该品牌的忠实客户，或者那些它希望持久吸引的客户时的情况。

奢侈品牌的基础特征是，在它的核心产品领域，新产品推出的价格应该高于老产品。虽然这看起来与其他科技产品法则类似，原因却不同。奢侈就是距离，奢侈意味着距离，也代表着距离。奢侈品牌必须持续地与它的客户重建距离。新产品不是为了把品牌庸俗化或者说大众化，而是提高吸引力与品牌的梦想价值。这是奢侈品行业的经典策略，尤其是重资产领域行业如酒店、游艇、公务机，以及高科技领域行业如汽车、音响等。品牌不够强大，才会推出便宜的新产品。雷诺公司推出 Renault Vel Satis 的时候定价 43000 欧元，比 Mercedes C-Class 贵 35%，但是雷诺（RENAULT）推出 Logan 为定价 5000 欧元，梅赛德斯（Mercedes）推出 SL 65 AMG 定价在 230000 欧元。

如果一个奢侈品牌决定推出一个价格更低的产品系列，那么就要让所有人都知道这不是一个让品牌衰退的策略（我们不是没有能力推出更优质更昂贵的新产品），而是一个让品牌更有力量的策略（我们有能力进行创新）。同时，这个低价的新系列的推出，要立即伴随着该系列的顶级产品来平衡：核心贸易的平均价格必须持续增长。

3. 全新产品的价格提高

传统消费品市场中，推出一个全新产品的时候，定位与价格都非常高，目标受众是前卫的先锋人士，比如第一款智能手机，比如第一辆电动汽车、第一架无人机。然后随着市场的接受程度，大众成为目标受众，伴随着销量的提高，以及规模经济效应，甚至是竞争对手的参与，产品价格开始下降，与科技界的摩尔定律相对应。奢侈品市场却是截然相反，再一次出现了与传统市场的区别：从你认为正确的最低价格开始，然后逐步增加差价。

如何正确定价

现在我们知道了，奢侈品价格随时间流逝而逐步上升。那么落实到具体，到底应该如何定价呢？价格是产品的交换价值，而让产品成为奢侈品的是它的象征价值。这也就意味着一个奢侈品牌的象征价值越高，它的价格就越高。事实上，一个品牌在它的业务领域上，如果能提出任何价格而不显得荒谬，它就是一个奢侈品牌。例如瑞士制表商宝珀（BLANCPAIN）或者爱彼（AUDEMARS PIGUET），可以轻而易举地提供价值100万欧元的限量款手表。再例如库克香槟（KRUG），把同名品牌变成香槟王子。真正的顶级奢华是在完全自由定价的情况下实现的。

定价的第一步是要正确理解你的竞争世界，就像任何经典产品，了解到这个世界上不仅仅只有直接竞争者。也因此，价格的定义方法并不是在产品成本的基础上添加利润这种简单的计算模式，而是依据更广泛的意义构建产品"成本"。这是一种逆向工程，将产品拆分成功能部分与梦想部分，两者相加才是象征性价值的基础，即价格。第二步便是开始快速销售，并关注终端用户发生了什么。

鉴于奢侈品的价格应该随时间增加，所以奢侈品有效的定价策略是从合理价格区间的最低价开始，逐步加价，每一次加价都需要增加新的价值。之所以这样逐步增加价格，主要是不清楚客户愿意支付的象征性价值的价格是多少。直到找到销量和利润的平衡点，那便是品牌产品最优的价格。

如何管理价格

价格被正确设定（盈利能力和销量与公司目标一致），也找到足够多的客户群体，随着时间推移，如何管理品牌的价格就成了接下来的重点，这就涉及价格政策。总体来说，奢侈品行业有两种价格政策，一种与供给相连，一种与需求相连。

对于与供给相连的价格政策，价格是提前设定的，客户支付已经设定的价格，没有沟通的余地。毕竟，奢侈品市场本质上就是供给市场。就如第二章中"反常态的奢侈品牌营销军规"中所述：奢侈品决定价格，价格无法定义奢侈品。奢侈品诞生之时，因为市场性试探，可以弹性微调价格策略，一旦价格被设定，就要严格执行。一方面，价格要依据品牌的被渴望程度的发展进程进行定价；另一方面也要同步协调于全球市场的定价策略，因为一旦成功，奢侈品便成为全球性商品。奢侈品的消费客户也是遍布全球，或者行走全球的。在全球范围内，不同国家之间的零售价格的严格一致性至关重要。为了达到这一目标，有两种主要策略：区域性价格策略和全球性价格策略。还有合二为一的，免税店价格策略。

另外一边，与需求相连的价格政策，按需定价其实是奢侈品行业最初的行业规则：每一个不同的项目，每一个不同的客户需求，每一份订单都是无法复制的。但是随着 20 世纪下半叶的民主化，这种按需定价的方式被边缘化了。这里同样也有两种价格策略：由品牌管理的随时间变动的价格策略，以及随供需关系变动的价格策略。

区域性价格策略

两国之间的价格差异，与跨境成本（运输费用、海关费用、汇率波动）和当地分销成本（零售成本、经销成本、税收费用）密切相关。例如，意大利和法国的游艇帆船进入中国市场，经销商的销售价格，相比出厂产品加价 20%；类似的还有意大利家居，中国区经销价格高于出厂价 30%；超级跑车的中国区经销价格高于出厂价 5% ～ 12%；等等。再比如，前面 Louis Vuitton Malletier 的案例，因汇率的变化而提高在日本市场的售价。路易威登（LOUIS VUITTON）在巴黎和东京的零售价格差异约为 40%，主要是由于关税和日本非常高的零售成本造成的。

这种策略的管理要点，即公开透明。关于各国适用的系数资料必须公开透明，并且明确地表示这些系数将根据货币汇率和当地税收而变化。同时，加强对当地经销商的管理，避免产品价格由约定好的低价趋于高价。

全球性价格策略

当产品价格非常高且体积很小，很容易躲避海关检查，就需要采用这种价格策略，其中最典型的是珠宝和腕表。在这种情况下，价格在任何地方都是一样的。汇率波动、税收和运输成本等，都将蚕食利润。

免税店价格策略

这是前两种情况的混合，因为它既不是真正的全球价格，也不是真正的本地价格。免税区是一个具体的市场，并且比本地市场更便宜。这个"旅游市场"被视作一个独立的世界，甚至是垄断的，因为机场是唯一的客户，机场通常也因此而施加严格的入驻条件。即便如此，仍然有必要与本地市场的价格互通有无，掌握前沿的市场情况。采用这种价格策略的通常是香水。酒类和烟草要缴纳很重的税。

随时间变动的价格策略

这种价格策略通常出现在前文所述的重资产类别的奢侈品行业中，例如游艇、公务机、奢华酒店。对于金字塔顶尖阶层的客户群体来说，这些消费就像富裕阶层购买高级成衣一样寻常，但除了这部分客户群体，这些行业每年是有淡旺季存在的。

毕竟，购买游艇并不像购买汽车一样，是为了日常出行。除了马斯克这样每日往返于不同地区的多家公司的企业家，也只有 NBA 篮球明星或者顶级富豪才会刚性需要公务机作为出行交通工具。全世界范围内，每个月不同地区的游艇展和公务机航展是交易的高峰期。除此之外，便是各个制造商与经销商们各显神通，策划体验项目，或者独创新型交易模式与促销方式来促进销售了。

对于游艇、公务机来说，交易模式可以是购买，也可以是租赁。它们可以依据客户需求定制包机价格，或者制定节假日限时体验航海或飞行价格；可以与奢华酒店合作推出限时优惠套餐；也可以与奢侈品展览方合作，比如米兰时装周秀场结束后的游艇派对、F1 赛事期间租赁一艘游艇沿岸行驶观赛；还可以自创旅游季限时打折其租售价格，甚至游艇俱乐部限时免费泊位；等等。因为存在淡旺季与限时体验项目，价格也因此随时间与事件而变动。

这种价格策略的管理要点是，要让所有人，无论是平时支付更高价格的人，还是支付体验价格的人，都感到心理平衡的开心满足，都觉得自己是尊贵的才有特权享受到这种价格政策。

随供需关系变动的价格策略

随供需关系变动的价格策略，拍卖行首当其冲。这是最初只为艺术品保留的，集中在少数几个拍卖行之中存在的价格策略，但现代技术正在彻底改变并允许将其一般化。由于奢侈品会随着时间增值，一个重要的二手市场成长起来，奢侈品也进入了拍卖市场，而互联网无疑将使其货币化。

另外一种价格随供需关系而变动的情况则是：超级跑车、超级游艇与公务机的定制服务。顶级富豪按照自己的审美需求，向经销商或者制造商直接提出自己的设计需求如外观与内饰需求，甚至机械动力的需求，奢侈品牌按照客户的意愿完成独一无二的定制产品，当然，价格也是定制的。同时，游艇与公务机这种顶级奢侈品的交易环节，通常都有金融服务，例如融资租赁。利率的高低、期限的长短、首付款占定价的比例，也影响着最终价格。

高盈利公司的极简主义

　　奢侈品吸引人，奢侈品行业令人着迷，即使是最理性的管理者与财务分析师也难逃它们的魅力。巨头集团收购投资奢侈品牌的案例数不胜数，万达集团收购英国游艇圣汐（Sunseeker），潍柴集团收购意大利游艇法拉帝（FERRETTI），忠旺集团收购澳大利亚游艇赛尔威（SILVERYACHTS），卡塔尔Mayhoola收购华伦天奴（VALENTINO）和巴尔曼（BALMAIN），复星集团收购浪凡（LANVIN），等等。奢侈品牌由于自身知名度与被认可程度所带来的营收，对比传统行业，确实高得不成比例，更不用说奢侈品牌带来的集团形象与地位，以及对品位的提升。

　　奢侈品管理策略，对于企业经营来讲，究竟有哪些迷人之处？沉迷艺术美学的设计师们坚持打造奢侈品与奢侈品牌，是为了陈述他们的艺术梦想。可是除了他们之外，为什么最理性的商业老板也希望采取奢侈品策略进入奢侈品行业？难道只是为了发展其业务板块吗？例如赛尔威（SILVERYACHTS）是全铝制造的游艇，忠旺集团主要业务是铝加工，如果真的只是为了发展业务，彼此成为采买关系的客户合作就可以了，何必还要花巨资收购呢？下面将为你逐一阐述奢侈品管理策略对于企业经营来说，它的真正魅力。

　　　　　　　　　　　　　　　　　　　　　　　奢侈品思维：爱斯睿，艺术化的宇宙观

建立高稀缺的渴望

一个创业公司从零做到千万级，最重要的是产品给力；从千万级做到亿级，关键看盈利模式是否设计合理；从亿级到十亿级，股权结构和管理文化就起决定作用了。奢侈品，则是从最初的阶段，就完成了高品质高稀缺高渴望的产品打造。创作者们每天都沉浸在建立新的品位和新的卓越准则，创造独有的奢侈品。这个产品不仅富有美学思想，更可以提炼成为一种社会标志，包含并呈现出足够多人的梦想。这个产品富有高品质感的同时，也兼具高稀缺性，因为高稀缺是奢侈品的核心标志。这种产品的出现，天然就会引起人们趋之若鹜的市场狂潮。

实现高盈利

奢侈品行业是高盈利高风险的行业。你可以赚很多钱，投资资本的回报非常高。奢侈品行业的投资主要用于创意、营销推广和渠道分销三方面，毛利率非常高。1994 年，路易威登（LOUIS VUITTON）的投资资本净收益率超过 120%，相对于金融界通常要求的 15% 投资回报率来说，简直是一个像巨大礼物一样的天文数字。意大利阿兹慕·贝尼蒂游艇集团（AZIMUT BENETTI GROUP）2020—2021 年游艇季，截至 2021 年 8 月 31 日，集团的产值已达到 8.5 亿欧元，比上一年增加了 1 亿欧元，相比上一季度订单数量增长 300%。2021 年香奈儿（CHANEL）年销售额超过 150 亿欧元，同年爱马仕（HERMÈS）为 89 亿欧元，路易威登（LOUIS VUITTON）超过 100 亿欧元。相对应的，你也可能失去一切。LVMH 集团的领军人物贝尔纳·阿尔诺（Bernard Arnault）本人在几乎 20 年没有盈利的情况下退出了克里斯汀·拉克鲁瓦（CHRISTIAN LACROIX），尽管克里斯汀·拉克鲁瓦（Christian Lacroix）本人是一个天才，所创始的同名品牌公司的继任领导人也确实有能力。

精英部队编制的企业规模

奢侈品公司从来不用人海战术，而采取精英部队的编制。奢侈品公司不在乎企业的规模，而在乎最终的品质上乘，无论是产品还是盈利能力。比起传统公司动辄几十人的市场部人数，顶级奢侈品牌在中国区的市场部人数有时只有市场部经理一个人，例如意大利阿兹慕游艇（AZIMUT），又或者法国公务机达索猎鹰（DASSAULT FALCON）。这个市场部经理统御所有的市场推广项目、经销商与渠道管理、各种行业展览的展示活动，以及跨界合作的项目。所有具体项目的策划与落地，都与合作的营销代理公司共同展开，或者由于预算问题自行解决。

奢侈品公司在乎单位人员产生的营收利润，它们不以员工数量多寡来论成功，而以精英部队产生的高额营收为骄傲。同理的不仅仅是人员数量，还有渠道数量。渠道众多，非但不是优势，有的时候甚至是企业发展的劣势，尤其在客户关系管理方面。这时候，为了企业的长远的高营收发展，以部分重点客户为中心，关闭部分分销业务，并承担营业额大幅下降的风险，这一过程是必要的。这是一项财务成本高昂的操作，要求股东保持冷静。

奢侈品的经销商体系按照区域划分，每个大区也只有一个经销商，统管整个地区的销售，并由制造商进行业绩考核，考核不通过者，制造商将更换经销商。例如迈凯轮（McLaren）中国，2016 年的经销商为 12 家，2017 年的经销商减至 9 家。

不仅仅是顶级奢侈品行业例如游艇、公务机、跑车的法则，时装行业也是如此。当然，时装行业涉及的渠道，不是经销商体系，而主要是品牌授权以及店铺。有些品牌前期过度授权赚快钱，如若想重返奢侈品形象与奢侈行业的高利润率水平，那么，后期回购牌照便是必不可少的策略。

例如拉夫·劳伦（RALPH LAUREN）于 2002 年放弃品牌授权策略，而实行奢侈品策略，加强对渠道的控制，财务上取得了良好的结果：净利润从 2002 财政年度的 1.725 亿美元增长到 2007 财政年度的 4.01 亿美元，牌照营收占营业利润的比例从 64% 下降到 17%，而专营店则从 4% 上升到 26%。

全球版图的快速增长

　　奢侈品高稀缺、高盈利而企业编制极简主义。一旦这个经营基础被建立起来，就有必要迅速发展，或者从某种意义上来说，弥补过去的时间。最初很有必要花费时间来确定品牌产品所创造的梦想，确实满足了足够多的人的梦想。一旦有了这种确定性，品牌就需要急速征服最大数量的客户，防止由于社会经济环境的变化或者强劲的竞争对手，导致品牌产品承载的梦想消失。简单来说，奢侈品牌需要迅速抢占地盘。

　　在达到财务均衡点以前，奢侈品牌需要集中资源投资建设核心产品。达到均衡点以后，品牌应该把大部分资源投入征服新客户的市场方面，宣传产品所承载的的梦想部分，这是唯一能够确保品牌全球扩张的事情。这也是开始大量资金投入的阶段，一部分用来渠道扩张，一部分用于营销宣传，一部分用于媒体广告，如果前期像拉夫·劳伦（RALPH LAUREN）一样多度授权，那么这个时期也要进行大量的授权回购。

　　如果达到财务均衡点之后，资金没有用作营销渠道环节的新市场扩展，而是加大资金投入的力度继续建设产品，公司就错过了最好的发展时机，甚至会造成财务损失。例如瑞士超级跑车品牌柯尼塞格（Koenigsegg），于2004年通过CCR型号扭转了财务困境实现了盈利。这个如今起步价千万人民币的跑车品牌，当时的CCR售价为50万美元左右，在那时也是很昂贵的价格。然而，当时柯尼塞格（Koenigsegg）的营收并没有用来宣传CCR型号的奢华跑车从而扩大市场，而是继续研发新产品，并推出售价超过200万美元的CCRX，结果遭遇了财务重创。

　　奢侈品是国际化的生意，全球版图的扩张势在必行，这也是一个成功的奢侈品牌必须完成的发展策略。这也是前文讨论消费者偏好洞察时，将全球不同地区的富裕阶层纳入视角的意义之所在。了解在不同国家不同地区的消费文化，运用适合当地的宣传方式进行营销推广，选择当地合适的渠道进行全球化扩展，是一个奢侈品牌必经的成功之路。

　　然而值得一提并且需要注意的是，虽然营销推广与渠道分销方面要进行全球化扩张，奢侈品牌在生产端却要始终保持原汁原味的文化根基。奢侈品牌需要有一个令消费者联想到的核心根源地，以及核心明星产品。这是放射状的发展形态，类似北京或者伦敦的城市规划：中心区、二环、三环、四环……不断向外延展，最终达到国际化。这里的诀窍在于，要让奢侈品牌的诞生文化之外的文化认可它是一种奢侈品，而这往往是一个严峻的挑战。这也是在不同国家地区投入大量资金到当地营销宣传、渠道分销的原因，让当地的合作伙伴以当地的文化形态，接受这个奢侈品牌及其产品。

在全球化的进程中，品牌要以单一产品或者单一产品线开始全球化。这是实现最小"规模效应"的条件，同时也能够为全球扩张提供营收资金。品牌必须尽可能长时间地坚持扩张这个独特的产品或产品线。只有在成功实现了品牌的全球扩张之后，才能在相同的产品范围内推出第二个系列，然后是第三个，等等。

建立一个高盈利的极简主义运营又全球化发展的奢侈品牌帝国，是不是很吸引人？当然。然而，如果你没有时间从零开始打造一个品牌，那么在你很富有又很匆忙的时候，接管一个属于奢侈品行业的品牌，显然是一个优雅的财务上令人满意的解决方案，例如开篇提到的巨头集团收购奢侈品牌的案例。

除了行业外的巨头集团收购奢侈品牌，行业内的集团接管收购奢侈品牌的案例也并不少见。一种简单的情况是，接管一个已经存在于公司内部，但是以前没有充分开发的品牌，例如奔驰戴姆勒公司（Daimler-Benz Group）与迈巴赫（MAYBACH）。威廉·迈巴赫（Willhelm Maybach）是 1882 年成立的 Daimler Motoren Gesellschaft（DMG）公司首席工程师。在这个职位上，他在 1900 年推出了梅赛德斯（Mercedes），然后在 1919 年以自己的名字推出了第一款豪华车：Maybach W1。这是一段梅赛德斯引以为傲的历史。1929 年威廉·迈巴赫（Willhelm Maybach）的儿子卡尔·迈巴赫（Karl Maybach）将公司的技术诀窍用于第三帝国生产 V12 坦克，同时继续生产汽车直到 1940 年。这家公司在第二次世界大战结束时消失了。熟悉迈巴赫品牌历史的戴姆勒集团重振迈巴赫建立初的辉煌历史，使它重新复活。

另一种更普遍的情况是，收购一个原本不属于自己的品牌，例如LVMH集团与旗下的很多品牌，再如大众（VOLKSWAGEN）收购布加迪（BUGATTI）与兰博基尼（LAMBORGHINI）。当两家公司本身的市场、文化与经营方式不同，投后管理就有很大的困难，一个不小心就会出现福特集团当时的财务亏损局面（详见第一章"奢侈与高级"）。这时，重新建立一个懂得奢侈品牌如何运作的新团队就显得尤为重要了。

最有趣的案例是保时捷（PORSCHE）与大众（VOLKSWAGEN）之间的收购与被收购的博弈。这是峰回路转的精彩案例。令人意外的是，这个案例，最初竟然是保时捷（PORSCHE）公司想收购大众（VOLKSWAGEN）公司，同时也是保时捷公司碾压众多对冲基金的金融战争。

保时捷（PORSCHE）与大众（VOLKSWAGEN）

2007年，全球经济火热，德国的保时捷公司也是赚得盆满钵满，当年纯利润就高达64亿欧元，创下历史纪录。如此多的现金正好可以买下另外一家著名的汽车公司：德国大众。

其实早在2005年9月26日，保时捷就已经对全世界宣布想要收购大众公司。通常情况下，一家公司宣布收购另一家公司，被收购的公司股票都会一路高歌猛进地上涨，奇怪的是，大众公司的股票不涨反跌，市场上的资金都在卖空大众的股票。这是什么情况？难道金融市场原理失效了？原来，欧洲各大对冲基金都在故意卖空大众。凡是上市公司收购，如果收购成功，被收购公司当然是股价看好；但如若收购不成，被收购上市公司股价下跌也是必然。然而，为什么几乎所有对冲基金都认为这场收购完不成呢？

德国大众公司，虽然与保时捷一样既是家族企业也是上市公司，但大众公司与一般公司之间有一个特殊的区别：二战期间希特勒曾经征用过这家公司，由此大众汽车公司产生了官方股份。战后为了防止这家公司被外国公司收购，德国政府专门为大众公司量身定做了一部《大众法案》。德国的《公司法》规定，只要对一家公司持股达到75%，就算取得了该公司的控制权。但《大众法案》规定，持有大众公司的股份20%以下时，按实际持股比例计算投票权，当持股比例超过20%，其投票权不再增加，除非你持有80%以上的大众公司股份。

为什么偏偏一定要80%？答案很简单，因为大众公司的政府持有股份刚刚好是20.1%。换句话说，只要政府的股份不出售，任保时捷把市场上的股份买完也控股不了大众公司。那政府股份到底有没有可能出售呢？20.1%的政府股份由大众公司所在地下萨克森州政府持有。法律上讲，归全州纳税人所有，若要释放股份必须提交州议会表决，甚至需要启动公民投票，那就不是公司与公司之间的事情了。这也正是对冲基金敢做空大众股票的原因。他们认为，即便保时捷有足够资金买光市面上所有的大众股票，也无法解决官方股票的问题，更何况，保时捷也不够超级富裕。

然而在2007年大赚之后，保时捷公司开始在市场上购买大众公司的股份了，而且量还不少。这可引得一众对冲基金窃喜不已，不仅是欧洲，连美国的一些对冲基金都跑来做空大众公司的股票了。难道保时捷是花钱打水漂买梦想？当然不。

原来，保时捷为了收购大众公司，早把《大众法案》研究清楚，为了解决这个问题，从2005年起它就直接向欧洲法庭起诉，指控《大众法案》违反了欧盟的《公平交易法》。《公平交易法》法案在欧盟号称是"经济领域的宪法"，高于各国经济相关的法律，如果《大众法案》真违反了《公平交易法》，就会被判无效。

其实，对冲基金也考虑到了这个问题。但他们认为，找欧盟法庭打官司旷日费时，诉讼的难度极高，而且欧盟法庭也不值得为一家企业直接怼败欧盟第一强国德国政府的立法机构，所以市场依然是一边倒的不看好保时捷对大众的收购。

功夫不负有心人。经过两年多的诉讼，2007年底欧洲法庭正式判决《大众法案》无效，保时捷收购大众将和收购其他任何德国公司一样，只要股份达到75%，就能控股大众公司。于是，保时捷在2008年开始在市场上大举买入大众公司股份。一众看空的对冲基金第一局战败。

可没想到的是，对冲基金战败后反而大举加大做空的力度。这又是为什么呢？原来，德国的《证券交易法》规定，通过买入股票对一家上市公司持股超过 30% 之后，如再增持，便属要约收购，必须公告（中国规定是持股 5% 以上就必须公告）。

保时捷虽然打赢官司废除了《大众法案》，但却躲不过《证券交易法》，就在打赢官司的时候，保时捷对大众的持股刚好是 31%，这意味着保时捷公司以后对大众公司的股份增持，每进行一步都要公之于众。可想而知，这个规定对做空方无比有利：31% 的股份占比距离 75% 还有相当的距离，而接下来保时捷在明处，对冲基金在暗处，而且随时可以离开。

果不其然，当保时捷持有大众股份的仓位增加到 42.6% 之后，这个数字就再也不往上涨了。市场纷纷传言保时捷的收购遇到障碍。于是，做空大众股份的融券余额开始大幅飙升，最高峰时放空大众的空单总量竟然占到了流通盘的 13%，这在德国 DAX30 指标股中，可是从来没有过的（大众股价记入 DAX30 指数）。

从这时候开始，各大对冲基金疯狂做空，孰不知灭顶之灾正笼罩在他们头顶。因为，用惯了杠杆的他们，完全忽略了法兰克福交易所的一项特殊交易规则，而这项交易规则可以让保时捷规避必须公告的那个要求。

关于高杠杆的期权交易，法兰克福交易所规定，如果购买股票期权的人按照股票的全额价款支付期权金，也就是说，不使用融资杠杆，就可以自行决定何时公布自己的期权仓位。特别说明，《证券交易法》关于持有股份超过 30% 必须公布的规定，是针对现股买卖，而交易所的期权交易规则是针对衍生品，两者并不矛盾。

对冲基金忽视这个规定，其实再正常不过了。众所周知，期权是一种以小搏大的高杠杆交易，对冲基金都是拿着别人的钱，在挣钱过程中唯恐资金不够，所以期权交易中肯定愿意使用杠杆，没有人按照股票全价支付期权金。

保时捷就利用这条规则，支付全款的期权金，将自己本来处于阳光下每走一步都要公布的股票仓位悄悄地转移到了暗处，而对冲基金们却对此一无所知，一直还以为保时捷持有的大众公司股份只有42.6%。保时捷早已悄悄地购买了大量的大众股份的认购期权，而且全部采用全款购买，由此控制了额外31.5%的大众流通股股份。相加之后，保时捷可以控制的大众股份已经高达总股本的74.1%，距离75%只有一步之遥。考虑到政府不可能出售的股份，市场上可供交易的大众公司股票实际上仅剩下5.8%。

与此同时，正如前文所述，在2008年10月23日，由于空头肆无忌惮，大众的空单总量已经高达流通盘的13%，这相当于总股本的10.4%。

这是个什么概念呢？空头是，当前的空方在不持有股份的情况下，按照现在的价格卖股份，到了交割日，空方必须履行交割义务，也就是买到股票支付给多方的，所以，只有股票跌了，空方才能够挣到钱。现在，如果空单总量高达总股本的10.4%，而市场上可供交易的股份只有5.8%，这意味着空方即便把市场上的股票买光，也不够给期权多头交割。这样一来，理论上说，大众公司的股价可以上涨到无限高。

鉴于股份达到75%就可以控股大众公司，保时捷将公告自身持有大众看多的期权仓位公布日期选在了2008年10月26日，这天是星期天，股市不交易。

10月27日星期一，刚一开盘，法兰克福交易所就爆发了史上最大的轧空行情，凡做空大众的机构，谁也不想被甩在无券可补的4.6%里，空头们疯抢股票，即使是比当初做空时高 N 倍的股价也忍痛购买。大众公司的股价两天之内暴涨500%，从200欧元暴涨至1005欧元，大众公司的总市值超越当时的埃克森美孚，成为全球第一大公司。

因为大众公司的股份是法兰克福指数的重要成分股，大众股价飙升让整个德国股市完全扭曲。法兰克福交易所出面了，交易所把保时捷和无法平仓的空方叫到一起协商，由保时捷主动释出5%的股票让空头得以平仓，由此德国股市的交易才恢复正常。

至于平仓价格，当然按照当时的最高价平仓。就这样，还是保时捷给机会才能平仓，否则把大众公司股份给买成2000欧元也无法平仓。在这

奢侈品思维：爱斯睿，艺术化的宇宙观

一过程中，各大对冲基金至少赔了几十亿欧元，很多基金经理一辈子挣到的钱，都不够这一次赔，而保时捷公司则是挣了有史以来不靠卖车的最大一笔钱。

如果说赚到对冲基金的钱是赢，保时捷赢得漂亮。可保时捷的目标是收购大众公司，如果把这个目标叫做赢，那保时捷可谓是输得一塌糊涂。

尽管大赚几十亿欧元，但保时捷最终并没有得到75%的大众公司股份，因为实在赚钱，保时捷将一部分全价认购股权卖给了别人，他认为只要占51%的股份，就可以与大众公司合并，然后以保时捷公司的资产做股份，就可以达到75%的控股比例。

但是在保时捷持有大众51%股权，然后提出组建合资公司的建议之后，被大众公司拒绝了。因为保时捷虽然2007年盈利60亿欧元，但2008年向银行申请100多亿欧元的授信额度，在保时捷持有大众公司股份达到42.6%时，还有90亿欧元贷款。大众公司董事会表示，保时捷公司必须先公布详细债务，努力降低负债率，否则，大众不能冒险和保时捷合并。

尽管保时捷拥有大众51%的股权，但并没有办法控制大众的董事会。无法控制大众的董事会，也就没有办法使用大众的现金来解决自身的债务问题。

也许是2008年只顾着和对冲基金血战了，也许是战胜对冲基金之后无心造车，也许是当年正值全球金融危机经济急剧下滑跑车销量不佳，或者三方面原因都有，总之，2008年的保时捷公司现金流陷入困境，解决的办法有两种：

第一种办法是卖出大众公司股票来还贷款。但如果保时捷真的卖出股票，股价势必大幅度下跌，对冲基金可以集中做空大众公司股票，让大众公司股价持续下跌，那么保时捷卖股票的损失很可能比原来赚的还要多。

第二种办法是继续选择与大众合并，但因为现在净资产太少、负债率太高，就不得不降低自己在合资公司中的股份占比。

与此同时，大众公司由于手握大把现金，进可攻退可守。保时捷卖出股票筹集现金，但正值金融危机，越卖股价越跌，大众正好抄底买入；或者保时捷接受二股东的地位，正合其心意。

金融危机之下，生存才是第一位的。思来想去，保时捷只有接受第二种方案。2009 年 8 月，大众汽车与保时捷控股达成一揽子复杂合资协议，大众汽车方面当时以 39 亿欧元价格购得保时捷汽车的 49.9% 股权，并通过中间控股公司控制这部分股权，保时捷控股控制其余的 50.1% 股权。与此同时，保时捷控股公司可以对剩余 50.1% 的自身股权行使认沽权限，而大众汽车则可行使相应的认购权买下这 50.1% 股权，时间截止日期都是 2014 年 9 月份。

然而，到了 2012 年 7 月 4 日，大众汽车突然宣布，他们将提前行使协议中规定的认购权，发起了对保时捷汽车的新一轮收购行动，大众汽车对保时捷控股支付 44.6 亿欧元，100% 控股了保时捷。

2005—2008 年，保时捷想收购大众公司；2008 年保时捷没有成功收购大众，2009 年反而不得不与大众合并，无奈做了二股东；到了 2012 年，大众反过来以 100% 股权收购了保时捷公司。

极限外的无穷大

本书写到这里，几乎已经讨论完毕奢侈品商业管理的各个方面。但我为什么会想写极限外的无穷大？奢侈品思维和极限外的无穷大有什么关系？极限外的无穷大又是什么？关于此，我想先从物理学的从一维空间到十维空间的关联与发展谈起。

一维空间是两个点连成的一条线，只有长度。二维空间是两条线之间构成的平面，有长度、宽度而没有深度。三维空间是两个平面之间构成的拥有长宽高的体积空间，或者也可以理解为，一个二维物体从中间卷起达到三维空间，例如一张白纸卷起来就脱离了二维平面空间，而变成了三维立体空间。

四维空间是在三维的基础上，增加了"持续的时间"这个维度。如果将一分钟前的我和一分钟后的我，连成一条线，那么这条线就处于四维空间中。如果你在四维空间里观察自己不同时间的身体之间的相连变化线，它就会像一条长长的蛇，一端是婴儿时期的你，另一端则是终老之时的你。但是，因为我们在三维世界里随着时间生活，三维世界里的我们和二维世界里边的"平面生物"很像。二维生物只能看到，高维度在二维空间的交叉平面图形，我们作为一个三维生物，也只能在四维空间的自己身上看到交叉的三维部分。

作为维度嵌套很有意思的一方面是，低维度不能意识到高维度发生的行为。还是再举例一张平面白纸卷成一个立体的圆环，如果我们将圆环内外侧的中间都画上红线，从远处看，红线好像是存在于一个平面内的圆圈，就类似一个"二维生物"在二维平面画的线上移动，而实际上，"二维生物"是在三维空间里滑行旋转，而不是在二维平面上沿"直线"（指二维生物"认为"的直线，即画的线）行走。

在四维空间中，时间对于我们就像是这条直线。从过去到未来，这条四维直线就是上述的白纸，实际上在更高维度被旋转扭曲了，所以四维空间里的我们，也感觉好像在同一空间里走直线。就像毕达哥拉斯发现"地球是圆的"之前，人们的本能看见的是"地球是平的"。

如果视线进入第五维度，我们其实有多个"我们"，我们关注其中一个分支，或者说我们成为其中一个我们，这个选择完全凭靠自己、机会以及别人的行为。量子物理告诉我们，超小粒子构成了整个世界，各种可能性作为"波"不断减弱直至确定一点。这解释了我们是如何在多种未来中，有限的瓦解可能性，最后只剩下唯一的一个我们的。这些未来，包括五维空间里四维的线，也就是我们经历的时间。简单来说，我们经历的时间，让我们成为现在唯一可能性的我们。

如果你想回到童年见到当时的自己，该怎么办呢？我们可以想象把四维空间卷曲一下得到五维空间，这样就可以跳转到当时的时空。但是如果你从这个当时的时空想去世界其他地方，比如你在童年时期做了一个伟大的发明，而这个发明在现在的时空（对当时来说是未来）非常风靡可以让你名利双收，可以想象四维空间的我们，把现在这个时刻（刚刚回到过去的，卷曲四维空间后的五维空间，再跳转的四维空间）分出第五维度，但是无论怎么卷曲分叉时空，你都无路可走。童年发明家的时间线，不能提供现在的你可用的选择，你无法从现在四维空间卷曲成五维空间再跳转到的过去四维空间，再通过如此卷曲跳转的方式，回到现在的四维空间。只有两种方式会到现在的四维空间。一是回到过去的时间，在过去的四维空间里，通过时间，逐渐来到这里。另一种，便是把第五维度包含到第六维度里，这就让目标一下从一个位置，跳转到另一个不同的时间线。

正如对第四维度的描述，第四维度是一条可以连接一分钟之前世界和一分钟之后世界的线。或者在更广阔视角中，我们可以把维度看作是，连接宇宙初始大爆炸和宇宙可能的终局的一条线。如果这样，那么要讨论第七维度，我们需要想象一条线，并将第六维度看作是一点。

从宇宙大爆炸开始，连接不同的宇宙终局，一个无限可能性宇宙终局带来的一个无限的境地，然后把这些从宇宙大爆炸到无限终局的无线连接当作一个点。也就是说，第七维度的每一个点都是无限的，因为它包括了宇宙大爆炸产生的所有的时间线。

当我们把无限描述成第七维度的一点时，我们只看到了空间中的一部分。如果你画一条第七维度的线，我们需要想象这个维度里的线的不同之处，因为我们要用这个线作连接。但无限之外还有什么呢？答案是，它可能会是一个由完全不同宇宙大爆炸产生的不同的无限。不同的初始状况，可以产生重力或光速都不同的宇宙，产生我们这个宇宙多种可能性结尾的时间线分支，再创造的可供连接的一个无限。所以，七维空间的线，就是连接其中一个无限与另一个无限。这个结论的重要性在于，更高维度从七维空间里分叉出另一个无限，即第八维度。

正如前面所述，我们可以在任一维度从这点跳转到另一点，只需要通过卷曲成更高的维度就可以了。那么第九维度，也可以运用这一规律。如果我们可以从八维空间的一点跳到另一点，那可能是因为我们卷曲并通过第九维度而达成的。

在讨论第一维度之前，我们可以说一切从零维度开始，那便是关于一个点的概念。这个点代表系统里的一个位置，每一个点之间具有有限的大小。第一维度里有两个这样的点，并把它们用线连起。当我们想象四维空间时，实际是在三维空间里，将所有可能性连线并充满整个三维空间，而后又看作一个点，然后把一个四维的点和另一个四维的点相连，表示空间上的另一个阶段，这个用来连接的线就是时间。七维空间包括大爆炸后产生的所有可能的时间线，同理如果再把它看成一个点，这个点就是八维空间的一个点，然后将它与其他不同宇宙的所有可能时间线相连，便得到了八维空间。

现在，要达到十维空间，我们必须想象所有可能的枝权，表现所有可能宇宙中所有可能的时间线，并再次把它看作是十维空间里的一个点，然后用线与另一点相连，但是已经没有空间连线了。因为所有可能的宇宙的所有可能的时间线已经成为十维空间里的一个点。即到此结束从一维空间到十维空间的旅程。

弦理论称，十维空间里震动的超弦，正是我们创造出的组成我们的宇宙和其他宇宙的比原子更小的粒子。换句话说，十维空间包含所有可能性。

既然是多重宇宙的多重维度，标题"极限外的无穷大"，实则意指超越无限，亦如我司曾经的标语：To Infinity and Beyond。这不仅仅是说要不断发展增长，更是于无穷宇宙中寻找到真正的奢侈，这也是笔者写本篇章的初衷。然而，为什么我们要在对十维空间与无穷宇宙的理解认知的基础上，拥有超越无限的思想之后，再去寻找真正的奢侈呢？或者说，才能去寻找到真正的奢侈呢？因为真正的奢侈穿越永恒，超越无限。

电影《超体》里有段台词："人类认为自己与众不同，所以把人类存在的理论完全建立在他们的独特性上，个体是他们的度量单位。我们运行的所有社会体系不过是一张草图，世界上本没有数字和字母，我们把我们的存在置入人类的框架体系中，我们创建了一个容易理解的体系，以便忘却原本难以理解的体系。真正支配一切的是时间，时间才是一切的度量单位，只要时间才能证明物质存在。"

这是站在四维空间里的视角。在四维空间里，传递智慧知识文明，使之永存于时间长河中是最重要的事情。智慧知识文明需要能量物质作为载体，在电影结局中，物质载体是一个优盘。当然，这是一个象征物。

那么，如果站在五维空间，甚至七维空间里呢？什么才是最重要的、穿越时间的甚至穿越永恒的事情呢？为什么奢侈品牌可以历经百年而经久不衰呢？

前面"不怕迭代的秘密"篇章中提到，判定一个物件为奢侈品的核心属性是自我标准的设定。奢侈品从不拿自己和别人比较。它没有参照，只有它自己和它为自己设定的非凡标准，每一条标准都渴望并值得传承。它就是它自己的神话。

真正的奢侈品不是流行潮品，它追求极致永恒的经典美感与历经时间考验的品质感。这份经久流传的经典美感往往是它传承的美学与设计思想。放眼宇宙与历史的长河，物质会消亡，而精神与思想永存。百年奢侈品牌经久流传的传奇也是源于自身品牌美学的思想传承，产品上对卓越与完美的追求，以及不断超越自我。时间不会让它老去，只会流传成经典，除非，它不够经典。

问题是，如何确定一个品牌自我的非凡标准呢？又如何发现，或者说，创建一个可以让品牌永生的精神思想呢？世间品牌众多，美学思想与设计风格众多，哲学思想的选择也是百家争鸣，到底什么才是专属于品牌自我的最珍贵的，让品牌成为唯一且永存的特质呢？又如何去寻找这最珍贵的独有特质？又如何将其不断发展呢？

对于奢侈品牌的建立来说，寻找到这份独特珍贵的特质至关重要，那不仅仅是品牌灵魂的确定，更是带领品牌穿越永恒的内燃机，不断发展增长的引擎。因为真正的奢侈穿越永恒，超越无限。真正的奢侈品牌不仅仅拥有独特的品牌灵魂（详见"品牌资产的塑造"），更是拥有永生的且以此为基础不断发展的品牌灵魂与个性文化。至于具体的奢侈品物件，不过都是这些特质的载体而已。

量子物理和平行世界中的奢侈品牌

　　为了解决前一篇的"永恒"问题，我们是否可以借鉴量子物理的智慧？毕竟，量子物理告诉我们，超小粒子构成了整个世界，各种可能性作为"波"不断减弱，直至确定一点。那么，这确定的一点，是否可以成为使品牌得以永恒的灵魂特质？熟知量子物理的朋友们会发现，意识是量子物理的基础，物质世界和意识不可分开。难道科学变成了唯心论？如果这真的就是科学界的真相，那么，天才设计师的主观美学意识，就是那个带领品牌穿越永恒的特质。就像王阳明曾说："你未看此花时，此花与汝同归于寂；你来看此花时，则此花颜色一时明白起来。"具体如何，我们下面详细地娓娓道来。

　　量子力学是自然科学史上被实验证明最精确的一个理论，但是量子的观念却总被人说很难理解，例如量子力学中有个现象叫做态叠加原理和坍缩。这是什么意思？一般认为，客观物体一定要有一个确定的空间位置，这种存在，是不以人的意志为转移的，是客观的。比如一个人坐在沙发上。但在量子力学里，一个人却是，既坐在沙发上又不坐在沙发上的。如果你要去看这个人具体如何，你就实施了"观察"的动作。一旦观察，这个人的存在状态就坍缩了，就从原来的既坐在沙发上又不坐在沙发上的叠加状态，一下子变成在沙发上或者不在沙发上的唯一的状态了。即，你不观察它，它就处于叠加态，也就是一个电子既在 A 点又不在 A 点。一旦观察，它这种叠加状态就崩溃了，它就真的只在 A 点或者真的只在 B 点了，只出现一个。

著名的"薛定谔的猫"实验，那只既死又活的叠加态猫，便是单体叠加态的一种宏观情况说明。叠加态不仅仅出现在微观的电子世界。宏观世界中的叠加态，确实很难想象，或许，也只能是想象中的实验。那么，从不确定到确定，可以避免意识的参与吗？

1963 年，获得诺贝尔物理学奖的维格纳，想到了一个新的办法。他说："我让朋友戴着防毒面具也和猫一起呆在那个盒子里面去，我躲在门外。对我来说，这猫是死是活我不知道，猫是既死又活。事后我问在毒气室里戴防毒面具的朋友，猫是死是活？朋友肯定会回答，猫要么是死要么是活，不会说是半死不活的。"

一个人和猫一起呆在盒子里，人有意识，意识一旦被包含到量子力学的系统中，它的波函数就坍缩了，猫就变成要么是死，要么是活，就不再是模糊状态了。维格纳总结，当朋友的意识被包含在整个系统中的时候，叠加态就不适用了。即使他本人在门外，箱子里的波函数还是因为朋友的观测而不断地被触动，因此只有活猫或者死猫两个纯态的可能。

牛顿第三定律说作用力与反作用力是相等的。我们的意识能够受外部世界的影响而改变，随时都在变化。在量子世界里，意识也可以改变客观世界。意识改变客观世界就是通过波函数坍缩，使不确定状态变成确定的状态，这样来影响的。

自然科学自诩最客观最不能容忍主观意识，然而量子力学发展到如今的程度，人类的主观意识却是客观物质世界的基础了。量子力学的基础就是：从不确定的状态变成确定的状态，一定要有意识参与。这是物理学的一个重大成就：意识和物质世界不可分开，意识促成了物质世界从不确定到确定的转移。

薛定谔的猫是单体的叠加态，即同一个物体处于不同的状态的叠加。若是多体的情况下呢？那便是量子纠缠：两个以上的物体都处于不同的状态的叠加，它们彼此之间一定有明确的关系。

例如一双新款设计师高跟鞋，一只寄到纽约，另一只寄到伦敦，寄到纽约的是左脚鞋还是右脚鞋呢？谁都不知道。但是如果纽约的收件人收到后，打开包裹看到的是左脚鞋，那伦敦收件人不用看就知道，他将收到的是右脚鞋，因为高跟鞋是左右配对的。一旦寄出去，寄件过程中虽然不确定，但是只要一个人观测到了他的情况，另一个人不用观测就知道了。

也许有人会想，其实某一方看不看没关系，因为在寄出去的时刻就确定了。但量子力学大量实验证明，如果把同一个量子体系分成几个部分，在未观测之前，你永远不知道这些部分的准确状态；如果你观测出其中之一的状态，在这瞬间其他部分立即调整自己的状态与之相应。这样的量子体系的状态叫做"纠缠态"。

至此，我们发现，无论是单体的叠加态，还是多体的量子纠缠态，意识都是量子物理的基础，物质世界和意识不可分开，是主观意识改变了客观物质世界。

《坛经》里说："时有风吹幡动，一僧曰风动，一僧曰幡动，议论不已。慧能进曰：不是风动，不是幡动，仁者心动。"风吹着云，是风在动还是云在动？回答是心在动。

《楞严经》讲："性觉必明，妄为明觉，本觉明妙，觉明为咎。"整个物质世界的产生，实际上在意识形成之初，宇宙本体本来是清净本然的，一旦动了念头想去看它了，这念头就是一种测量，一下子就使这个"清净本然"变成一种确定的状态，这样就生成为物质世界了。《楞严经》最早最清楚地把意识和测量的关系说出来了。

每一个天才设计师，对于美，都有着无穷的感知力。他们可以从万事万物中捕捉到各种形态意识的美。与此同时，每一个天才设计师，对于各种美学思想风格也都海纳百川地吸收，文学、哲学、艺术、设计史，都是必备的基础知识体系。各种思想相互连接交融、融会贯通的过程，无异于是脑海中各种关于美的念头的量子纠缠进行坍缩叠加，直至某一时刻，波减弱，得到确定一点，那便是他所认知的惊艳的永恒的美丽，无论这份美丽是优雅是毁灭还是特立独行。

这份美学认知，看似是弦理论中的十维空间超弦，包含各种可能性，实际上，如同量子力学，虽是无穷宇宙中的无穷可能性，但在当时当刻的时空下，只有唯一的选择。这唯一的选择，便是创始人所认知的，可长存于时空中的，穿越永恒的品牌灵魂。品牌灵魂是奢侈品牌营销管理的起点，也是长期发展的核心的锚。唯一的品牌灵魂，也就对应着唯一的奢侈品牌及其长期的发展管理。于多重宇宙中，哪怕平行世界里，每一个品牌即使更换时空，依然只会是如今这样美学思想的奢侈品牌。

而所有的奢侈品牌营销管理法则，都是在以商业的方式，无限扩大这份美学认知的影响力，使目标客户如同宗教信徒一般狂热地迷恋甚至信仰品牌与品牌产品，不断发展与提升销售业绩的另一面，更是创建自己穿越时间长河的品牌帝国。

也正因如此，面对奢侈品牌的营销管理，管理人员对于哲学、艺术、美学、宗教，甚至包括物理学的综合底蕴，与商业管理能力同等重要。在我看来，艺术化是另一种思考方式，对各种美学与精神世界的不同理解，亦是对各种奢侈品牌灵魂的不同演绎，需各司其职地融会贯通于各种商业管理项目之中。它的力量宛若无形，又穿透于全宇宙。

奢侈品牌是商业与艺术高度融合的产物，就如同量子物理学中揭示的科学与宗教的归一。儒家讲知行合一。佛家说缘起性空。《道德经》曰："万物生于有，有生于无。"道家言无极生太极，无中生有，天人合一。宇宙万物都处于不同频率的振动之中，人的意识决定着人的振动频率，意识层次的振动频率与能量指数越高，人的觉悟越高。爱因斯坦指出：爱是宇宙中最大能量。《金刚经》曰："应无所住而生其心。"奢侈品牌也是同理，从一种穿透永恒的美学思想开始，经过商业管理法则运作，不断发展形成品牌帝国，并且在无穷宇宙无穷可能之中，形成有且只有一个的独特的奢侈品牌。

至此，通过对十维空间与量子物理学的认知理解，再加上美学哲学艺术修养底蕴的积累，"穿越永恒的品牌灵魂"将得以确定。这穿越永恒的品牌灵魂，是奢侈品牌建立与长期发展管理的起点，也是奢侈品牌管理的核心的锚。确定品牌灵魂之后，运用第二章所述的商业管理法则，如何创立并全面管理一个奢侈品牌，则可以厚积薄发地呼之欲出了。

第三章

奢侈品策略
的思维拓展

奢侈品思维，是一种艺术化的系统化的思维视角与格局。这种思维意识，不仅仅局限于奢侈品牌的建立与奢侈品牌商业帝国的发展运作。本章将这种奢侈品思维从金字塔尖下沉，层层递进，依次举例于高端制造业、大众制造业、大众服务业，以及我们每一个人的人生选择。奢侈品策略如何高级而富有艺术性地进行可持续发展？如何打造一个奢侈品级别的品牌以及人生？爱因斯坦的质能方程，柯布·道格拉斯的经济增长模型，以及奢侈品战略对我们每一个人的生活发展又有什么指导意义？本书的最终章节，向你娓娓道来。

奢侈品战略的相对论

    引力，是自然界中我们熟悉却又神秘的一种作用力。爱因斯坦认为，我们所感知到的引力，其实是由于时间和空间弯曲而产生的。如果空间里空无一物，那空间就是平面的，不会发生任何事情。但一旦空间里放入物体，物体会使其周围的时间和空间弯曲，从而造成几何结构的偏离，这样物体就开始运动了。过往的认知是，所有物质都试图以尽可能简单的方式，在空间和时间中运动，而爱因斯坦告诉我们，是物质本身，使得空间和时间发生了弯曲，而这种在弯曲时空中的运动，就是引力。爱因斯坦认为，我们感受到的引力，实际就是我们所在的时空的形状。

    爱因斯坦用牛顿的万有引力定律无法解决的水星轨道问题，来检验他的方程式是否正确。水星围绕太阳运行的轨道存在一处反常：水星每公转一圈后，近日点的位置都会出现些许偏离，而牛顿的万有引力定律无法对此做出解释。爱因斯坦利用自己的新方程式对轨道进行了计算，得出的答案与天文学家观察到的数据完全一致。至此，爱因斯坦终于完成了广义相对论的最终方程式 $G_{\mu\nu} = \frac{8\pi G}{C^4} T_{\mu\nu}$，其中 G 代表时空形状，$G_{\mu\nu} = R_{\mu\nu} - \frac{1}{2} g_{\mu\nu} R$，$T$ 代表空间的能量和动量分布，$\frac{8\pi G}{C^4}$ 是系数。物质让时空发生了弯曲，时空决定着物质的运动轨迹。

    爱因斯坦的广义相对论告诉我们，质量与能量可以改变时空形状。当光经过某个超大质量物体时，比如太阳，太阳周围扭曲的时空会使光线出

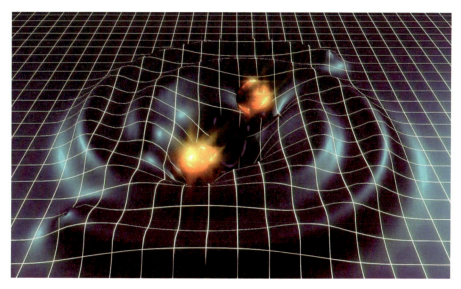

引力时空图

现弯曲。这些都和奢侈品策略又有什么关系呢？对于奢侈品策略来讲，质量与能量的转化分别又指代谁和谁呢？

i-D

i-D 在时尚界被誉为街头文化的圣经，推崇高街时尚潮文化。比起顶级超模，它拍摄具有代表性或独具风格的普通人，比起四大时装周的国际化路线风格设计，它捕捉每一个部落原汁原味的风情。它大胆地讨论每一个先锋话题与亚文化，每期杂志定一个趣味主题，推广年轻新贵设计师，而不是国际品牌的明星艺术总监。然而可曾想，创始人曾任国际高级时尚风向标 *VOGUE* 的主编。那完全是两种风格！尤其是意大利版的 *VOGUE*，高贵优雅深具文艺复兴的经典艺术气质，从推广的设计师到报道的品牌，从摄影师到模特，全部国际一线，代表并发挥着主流时尚界的强大影响力。

比如拍摄婚纱，*VOGUE* 是优雅的高贵冷艳，典型的超模时尚摄影，可若换作 *i-D*，白色婚纱也许弄得皱皱的还带有彩绘甚至泼墨的波普风，非主流模特的非主流摆拍姿势，却表达着年轻一代的张扬率性，以及对这件婚纱另外的趣味解读。 怎么会这样呢？因为创始人厌倦了几乎已经模式化的贵族名流风格与惯性的审美思维，离开"High Fashion"，投向"High Street"。写到这里，有没有联想到《"泰坦尼克"号》中的罗丝（Rose）？名门贵族的淑女，渴望自由的新鲜空气。

ZARA

说到高街快时尚，不得不提到取得商业巨大成功的 ZARA。快时尚品牌那么多，为什么是 ZARA 取得财务以及影响力上的成功呢？一流的速度，二流的设计，三流的价格。

ZARA 采取多款少量的运营思路，高流转速度的原因却不仅仅是大量新款上市，而是巨大的系统支持了它的快速：遍布全球潮流地的"情报系统"，将一切流行元素用数字化的方式传输到总部，无论是大牌的设计细节，还是新锐设计师的独特灵感。而总部，一个服装公司的总部竟然没有原创的设计部门，而是将所有的流行元素进行排列组合：比如范思哲（VERSACE）的领口设计，华伦天奴（VALENTINO）的裙摆，香奈儿（CHANEL）的扣子，一件当季最流行的衣服问世了。"设计"速度简直光速。

大量的白色布料，方便随时根据潮流变换流行色，而不是囤积各种颜色各种材质的面料，省去了昂贵的库存费用。物流体系自然不必说。自然了，虽然是高级时装（High Fashion）国际品牌的设计，但作为快时尚的定位，考虑到价格，也就决定了面料选择上的普通而非上乘，而这又进一步促进了消费者再次购买和新品上市的速度。同时，与大牌设计师的联名款、超模的主题摄影合作，ZARA 借鉴了一线时装品牌的宣传方式，让消费者觉得这是"非常划算又潮流的国际品牌"。

咦？会不会奇怪第一章详述了奢侈（Luxury）品牌策略与高级（Premium）品牌策略的无法相融，为什么高级时装（High Fashion）

品牌和时尚（Fashion）品牌之间可以相互借鉴策略，出奇制胜？

不妨让我们回顾一下"奢侈与高级"中的图3，答案跃然纸上。因为高级时装（High Fashion）和时尚服饰（Fashion）本就不是严格意义上的奢侈品（Luxury），高级时装（High Fashion）被大众误会为"奢侈品（Luxury）"。在误解中的"奢侈品（Luxury）"维度，奢侈品思维是可以相互转化相融的。对于时尚界来说，真正的奢侈品只有高级定制（Haute Couture）。尽管如此，高级时装（High Fashion）与时尚服饰（Fashion）的能量相对转化，依然对我们有指导借鉴意义，至少，如何赢得《"泰坦尼克"号》中罗丝（Rose）类型客户的青睐，已经有了答案，是吗哈哈。

事实上，虽然奢侈品牌（Luxury）、高级品牌（Premium）以及高级时装品牌（High Fashion）在商业发展中完全是不同的商业体，不可转化相融其商业策略，但是在宣传中经常相互有所借鉴。经常可以看到，高级时装品牌（High Fashion）与高级品牌（Premium）宣传中的"奢侈化"与"艺术化"，例如高级轿车品牌赞助音乐会以提升自身品牌形象。与此同时，奢侈品牌（Luxury）宣传中的"潮流化"以及"品质感"，如超级跑车与公务机宣传自己是顶级富豪与明星的"大玩具"，而不是"奢侈品"，等等。

正如广义相对论在现实世界中的广泛应用，例如黑洞、引力波、宇宙膨胀甚至GPS导航系统，如果奢侈品策略的应用仅仅是奢侈品牌（Luxury）、高级品牌（Premium）以及高级时装品牌（High Fashion）之间的宣传内容层面的借鉴转化，那我们的视角也太狭小了一些。实际上，奢侈品策略是一种思维方式，一种商业运作方式，更是一种格局眼光，以及价值评判系统。例如创建一个品牌，你更在乎高稀缺创造力、构建IP神话的品牌资产，还是更关注短期现金流、快速抢占红海市场的市场份额？你选择关注生活方式的中产阶级市场，还是金字塔尖的富裕阶层市场？除了眼光格局的选择，一个面向大众市场的品牌，如果想借鉴奢侈品策略进行产品线与品牌的升级，具体又该如何进行呢？

下一节，我们将一起讨论奢侈品牌商业策略于大众市场的应用。面向大众市场的品牌，如何应用奢侈品策略在同类市场中脱颖而出。

奢侈品战略的应用

接着上一节我们留下的问题，奢侈品战略如何更广泛应用于大众市场呢？除了奢侈品牌（Luxury）、高级品牌（Premium）以及高级时装品牌（High Fashion）之间宣传内容层面的转化，大众市场品牌如何借鉴奢侈品牌战略完成品牌升级，或者于同类市场中脱颖而出呢？如何将奢侈品牌高度创造力的心魂与神话注入到原本属于大众市场的品牌之中呢？回顾第一章的图 2，我们知道，奢侈品牌都是华丽的实力派。瑰丽的美梦创造力与强大坚实的高品质，缺一不可，而且要独一无二而非千篇一律，拥有品牌灵魂。面向大众市场的品牌如何实现这些呢？我们不妨看一下两个案例，苹果（Apple）品牌与奈斯派索（NESPRESSO）品牌。

当大众市场品牌决定采用奢侈品战略，重要的是要尊重特定的奢侈品战略的规则，至少要充分理解它们，使这些规则适应其自身行业。当奢侈品法则被应用于一个传统上不属于奢侈品的行业时，人们有时不一定会理解这些看似与大众营销方式相反的规则，在这种情况下，最小的错误都会产生巨大损失。

例如，如果一项交易的平均价格在上涨，或者价格至少稳定，这种价格策略是奢侈品战略的一部分。但是如果平均市场价格持续急剧下降，这时品牌还希望应用奢侈品策略，那么"随时间提高价格以增加需求"的奢侈品定价法则就必须适应其市场。需要指出的是，必须考虑的是相对于市场的价格，而不是产品的绝对价格。产品的价格可能会降低，但必须比市场价格降低得更少，这样才能保持较高的价格溢价，并且有必要为现有客户制定补偿策略。

最典型的行业是电子产品市场，"摩尔定律"显示，即使产品的功能质量提高，价格也会下降。然而，却有一个品牌成功地遵循一种受奢侈品启发的策略：苹果（Apple）。

苹果（Apple）

众所周知，1976 年，史蒂夫·盖瑞·沃兹尼亚克（Steve Gary Wozniak 和史蒂夫·乔布斯（Steve Jobs）在加州创立了苹果公司，他们的愿景是让电脑拥有人性化界面，让电脑成为人类的仆人，而不是反过来。那些还能回想起那个时代的人，那些曾经在装有 IBM 磁盘操作系统（DOS）的电脑上工作过的人，应该还记得 1977 年苹果二代（Apple Ⅱ）的推出所带来的冲击，它的用户友好性和易用性，以及随后的 Macintosh 所带来的革命：当你打开你的 Mac，一个微笑的男人自发提供指导如何进入这个新的宇宙。而打开其他电脑的屏幕时，显示的则是大量的数据和很难被理解的条款，仿佛从一开始就不欢迎用户入侵自己的世界。

尽管这一战略取得了成功，但史蒂夫·乔布斯（Steve Jobs）还是被董事会认为太年轻以及太难以预测，无法管理一家上市公司。1983 年，苹果公司的股东聘请了百事可乐公司的二号人物，也是业内最优秀的营销人之一的约翰斯卡利(John Sculley)担任苹果公司的首席执行官。股东们认为，随着 1984 年 Macintosh 的推出，有必要实施一个"真正的"营销战略，以便进入下一个阶段，使苹果成为 IBM 的挑战者。

约翰·斯卡利（John Sculley）和史蒂夫·乔布斯（Steve Jobs）之间的文化冲突迅速升级，至 1985 年史蒂夫·乔布斯被迫离职。而其后，苹果公司的利润开始迅速下滑，1996—1997 年，苹果的情况已经非常糟糕。迈克尔·戴尔甚至曾在 1997 年的《财富》杂志上宣称："最好的解决办法是关闭苹果公司，把投资人的钱还给股东。"再之后，苹果认为收购NeXT，这家乔布斯离职几年后创立的公司，以便重新获得乔布斯，是对公司最好的决策，并将公司控制权全部交还给他。

乔布斯的归来使苹果公司回到了原来的战略，并且乔布斯根据新形势调整了管理风格。后边的事情所有人都知道了，先是iMac，然后是iPod和iTunes，再之后是iPhone，无论在技术上还是在经济上都取得了一系列的全球性的巨大成功。2007年春天，在已经饱和且竞争激烈的数码市场上，人们在纽约第五大道排起了长队等待iPhone的发布，这充分证明了乔布斯战略的智慧。同年，苹果公司的股票市值与IBM相当。

随后，iPad又取得了压倒性的成功。在它2010年发布的时候，大多数财经专家和大众市场的研究人员，都预测它充其量只能获得适度的成功。他们的预测是基于一些对普通人而言鲜为人知的技术原因和大众市场研究，而不是基于对奢侈品战略的理解，导致他们做出了巨大的误判。一年后，由于iPad等产品的成功，苹果公司在纽约证券交易所（New York Stock Exchange）排名第一。2011年夏天，苹果公司拥有的现金比美国政府还多。

苹果公司是一个非常卓越的案例，说明一个面向大众的品牌或公司，很难甚至不可能跨越大众高端品牌与奢侈品牌之间的边界却成功了的案例。事实上，苹果公司的品牌战略，具备适用于传统大众市场的奢侈品牌战略的所有特征。让我们一起来回顾一下：

◎ 品牌最初有一个强大的愿景，一个创造性的乌托邦。拥有品牌灵魂，而不是基于市场定位。

◎ 一位具有历史意义的、富有创造力的创始人，培育并拟人化了这个乌托邦，他在被取代之后，返回来拯救现在衰落的公司。

◎ 时间维度：随着时间的推移而成为经典传奇。苹果公司是一个传奇，一个救世主般的创造者，被自己的公司驱逐，被传统的营销人员取代，然后被召回，让同一个公司获得新的创造性的生命。

◎ 身份标识：当你使用苹果手机时，你会骄傲地炫耀它。此外，在笔记本电脑上，著名的苹果标志被倒置了，这样在开会的时候，周围的每个人都能认出它。

◎ 文化维度：集体意识层面，参加过史蒂夫·乔布斯（Steve Jobs）年度聚会的任何人都可以证明这一点。个人意识层面，苹果公司产品的"粉丝"可以花几个小时向你解释他们的电脑在多大程度上不同于其他任何品牌的电脑，甚至比其他任何品牌的都更好。

◎ 审美维度：感官材料例如 iMac 的玻璃和铝，超越纯粹的功能。

◎ 与艺术关联：产品的包豪斯设计风格、乔布斯早年学习书法成就的公司产品字体设计，以及艺术设计专业人士是这个品牌最忠实的客户和信徒。

◎ 个性化定制：例如 iPod 可以有数千种不同的外壳，甚至鳄鱼皮或蟒蛇皮。

◎ 系统性创造的稀缺性管理：饥渴营销——因此，当 iPhone 一上市，顾客们就会排上一整晚的长队，等着有机会购买它。

◎ 严格的渠道控制：自 2001 年以来，专卖店和特许经营的苹果品牌展位成倍增加，这使苹果公司能够与客户保持直接联系，而无需与其他 PC 品牌进行直接比较。随着 iPhone 的发布，苹果公司的分销渠道又向前迈进了一步。iPhone 最初只授权给一家电信运营公司，价格不菲，专利费也很高，占营业额的 30%。世界各地敏锐的头脑和黑客们急于解锁该设备，并使其兼容所有运营商。对苹果公司来说，这相当于仿冒品或奢侈品市场典型的灰色市场。

◎ 价格策略：价格明显高于所有竞争对手的价格，从未降低过。

◎ 客户设定距离：在当时的年代，苹果是革命性的，它公开邀请各方技术人员和"极客"与苹果一起自由创作，并为苹果服务。对于 iPhone 和 iTunes，苹果正在转向另一种逻辑，一种封闭的，并且管理需求的目标。

苹果的品牌战略显然是一种奢侈品牌战略，即使它应用于非奢侈品市场。这表明，奢侈品牌的含义，对于我们所说的奢侈品牌战略，和通常所说的奢侈品市场是不同的。约翰·斯卡利（John Sculley）没能让苹果回归到正统的狭隘的传统营销模式，也印证了这一点。这一失败展示了这个品牌的具体特征，或者更确切地说，苹果不仅是一个品牌，更是一个宇宙，体现了 20 世纪 70 年代加州"人性化的、用户友好性的科技计算"的最初梦想，即品牌灵魂。

另一方面，首次报价中因价格错误定位而引发的事件也表明，在非奢侈品的市场交易中，管理奢侈品战略是多么困难。iPhone 于 2007 年 6 月 29 日在纽约以 599 美元上市，取得了巨大的成功。尽管如此，它违反了奢侈品营销规则："随时间提高价格以增加需求"，苹果突然将其价格降至 399 美元，使其处于其他智能手机的水平，并为其形象承担了重大风险。

奈斯派索（NESPRESSO）

一个纯粹的奢侈品牌战略是难以追求的，而且往往代价高昂，特别是正如我们已经看到的，它在渠道分销方面的要求很高。因此，我们可能会想，是否有可能在同一品牌内同时采用两种策略？即混合策略，其特点是它们都是在同一个品牌下进行的，一部分使用传统品牌的市场策略，另一部分使用奢侈品牌策略。

在这种情况下，产品本身包括奢侈部分和高端部分，而这两者是紧密联系在一起的。与之前的情况不同，顾客不是买其中一种产品，而是必须两者都买。一个特别有启发性的案例是雀巢的胶囊咖啡机 NESPRESSO，它同时采用了两种策略。

胶囊使用奢侈品牌策略

关于胶囊的部分，我们找到了奢侈品牌营销组合的所有元素：渠道策略上完全控制分销，与客户保持直接联系，巧妙地利用互联网进行回购和个性化调度。在产品策略上，采用限量系列、特有的专利技术、高品质的咖啡，以及精致的胶囊外观。在价格策略上，定价高，因为选择的竞争市场是在餐厅消费的咖啡，而不是与家用的咖啡机竞争。

咖啡机使用传统的高端品牌策略

关于咖啡机的部分，奈斯派索（NESPRESSO）与克鲁伯（KRUPS）合作其开放的分销渠道，对比胶囊的奢侈品牌渠道策略，咖啡机更快速更便宜地渗透其目标市场。同时，内部重塑对比克鲁伯（KRUPS）的竞争力，顾客一旦购买了奈斯派索（NESPRESSO）咖啡机，由于咖啡机和胶囊是相互依存的，奈斯派索（NESPRESSO）的整体产品（胶囊与咖啡机）就占据了家庭咖啡的市场。忠诚的客户基础是奢侈品策略成功应用的第一个阶段。

除了渠道方面，在关于宣传的方面，因为胶囊与咖啡机是一个共同的品牌奈斯派索（NESPRESSO），其宣传方面就有了两种策略选择：奢侈品牌宣传方式或者高端品牌宣传方式。通过在广告中采用明星乔治·克鲁尼（George Clooney）推荐的传播方式，奈斯派索（NESPRESSO）选择了高端品牌宣传策略。当然奈斯派索（NESPRESSO）也可以采用奢侈品牌宣传策略，不选用明星推荐的方式，而是传播咖啡的梦想，或是作为一种复合的可以追溯到古代文化的文化产品，而只是把乔治·克鲁尼（George Clooney）作为其品牌大使的补充，以男人形象，而不是明星形象。

选择高端品牌传播策略，而不是奢侈品牌传播策略，对于奈斯派索（NESPRESSO）咖啡机来说是一个强有力的战略选择，因为这意味着直面竞争对手。这与隶属于大众市场的消费品集团雀巢（NESTLÉ）是一致的，雀巢可以将其全部资源与能力投入到奈斯派索（NESPRESSO）品牌的服务中，这与雀巢的全球战略非常契合，同时保留奢侈品牌策略的开放性。

奈斯派索（NESPRESSO）的成功表明了混合策略的有效性。要成功地应用它，必须满足两个条件：首先，品牌包含至少两个互补的要素，两者必须是不可缺少的，且是相互重叠的。第二，两者要素共享同一个品牌，即使其中一方要素采取高端策略，与其他品牌进行联合推广。

奢侈品牌营销策略，通过引入新的概念和新的技术，丰富了传统营销。这些已经适应了大众市场的消费产品，借助奢侈品营销策略，与客户的个人关系变成了系统化客户关系管理，借出一个物品变成了产品植入，口口相传变成了口碑营销，创建并保持了梦想的品牌力量，并获得了超额的利润收益。奢侈品营销策略是传统营销策略的未来。

爱斯睿与芭蕾舞剧

　　除了普通制造业品牌对于奢侈品牌策略的应用与借鉴，非制造业的品牌，是否也可以应用奢侈品思维，升级成为一个奢侈品牌？奢侈品战略思维的应用，是否还有更为贴近身边生活的举例？甚至是否有案例能说明，奢侈品思维可以直接应用于我们每个人的发展？有。我司爱斯睿与芭蕾舞剧，或者说我本人与芭蕾舞剧，就是对于公司应用奢侈品牌战略的案例。

　　爱斯睿与芭蕾舞剧的关联与渊源何在？本人酷爱美学底蕴深厚且文化综合的高级艺术无疑是首要原因，也是注定本人在各类艺术领域均有涉猎的源头。芭蕾舞剧是综合舞蹈、文学、音乐、美术的高级舞台表演艺术，亦如爱斯睿专注奢侈与高级生活方式领域并综合覆盖战略咨询管理、营销全案、富裕阶层客户销售与渠道拓展、大数据人工智能分析，贯穿奢侈品产业链全局与富裕阶层售前售中售后一站式管家服务。芭蕾是舞蹈的巅峰，亦如爱斯睿于奢侈行业的商业管理：王冠上的明珠。

　　爱斯睿原为英文名字 A.S.Ray 音译，"世界美如斯，爱这样的智慧"，公司英文名字 A.S.Ray（Atelier Sparkling Ray）寓意："高级定制一束闪耀的光芒"。类比于通常宣传公司品牌的创始人纪录片电影，爱斯睿则以原创芭蕾舞剧的形式来表现公司的文化价值审美理念，核心元素即为名称中的"光"。

　　此光，并非具象的太阳光，而是恰如序言中所写的凝聚宇宙全部能量的一束美轮美奂的光，是融合凝练艺术与商业的智慧之光：不仅仅满足于优秀的营销管理与数据分析，持续地预见与引领趋势才是我们前进的动力。发散思维与收敛思维互为自身思维系统的互补，我们相信艺术化的宇宙观是非常重要的思维方式。广博独到的眼光，深刻敏锐的感知洞察力与创新意识在我们看来至关重要，它带领我们超越至无穷尽。

这光，更是爱之光。爱斯睿的力量源泉不是努力勤奋，而是热爱与信仰。同时，精致卓越、顶尖华丽是爱斯睿的文化核心本质，我们相信专注成就极致，深厚底蕴提炼后的凝练简约是最高级的升华代表。而光，正是极致凝练升华的表征形式。

以光明为主旨，本人原创芭蕾舞四幕剧《Sapphire and Ruby 蓝宝石与红宝石》，创新采用交响乐章、歌剧唱段、钢琴独奏相融合的音乐表现形式，由国际知名芭蕾舞团及其舞团交响乐团演出，特邀钢琴明星在第四幕中钢琴独奏，即将在线下剧场与线上平台倾情演出。

蓝宝石象征理智，红宝石象征心灵，亦如商业与艺术，最初二者相吸，后来二者相对立，最终二者相融合。从黑红蓝到紫白银，从热烈痛苦澎拜激情悲伤迷茫，到圆融通透宁静幸福。光从黑夜到白昼，人生之光从混沌到通透。爱之光永不熄灭，唯有升华与超越。

第一幕

蓝宝石独舞

深邃纯净的理智如宁静的高山海洋，蓝宝石般的优雅散发着光芒，低调却吸引人，渴望光芒。"一种莫名的爱娇，把我摄向你。"

红宝石独舞

热烈明亮的心瞬间被激活，日后不断幻化成火光、火焰、火山、太阳光，和海靠得更近。

"她内在的激情还未苏醒，她真正的深处的自我尚未成型，只有被狂热的激情激发后，她才能真正蜕变，绽露出蜷缩的翅膀，就像选手在竭尽全力冲刺前所做的一次深呼吸。她的生命能量正在停滞的休眠期且积蓄着能量，犹如沉睡的火山，一旦喷发，将地动山摇。"

第二幕

浪漫融合双人舞

最终融为白色一体，樱花粉色的背景，"柔情蜜意"。

悲怆撕裂双人舞

黑色的绝望，蓝色的悲痛，红色的流血燃烧，由一分为二。

"是一场风暴一盏灯，把我们联系在一起；是另一场风暴另一盏灯，让我们再奔东西。"

第三幕

分开后归于平静：表面宁静，内心深爱。

"不怕天涯海角，岂在朝朝夕夕。你在我的航程上，我在你的视线里。"

蓝宝石独舞 + 群舞

苍凉无人的海岛惊涛拍浪，海面时而寂静时而汹涌。海的最深处，被海水日夜冲刷而光滑的岩石上刻着一个名字，旁边锁着一颗心。（音乐与动作）

蓝宝石平静却海水汹涌的意境表达

古希腊美学——静穆的高贵：各种强烈感情都由肢体表达（蓝宝石痛苦的海啸），面部表情永远是微笑的（蓝宝石的海面平静）。雕塑《拉奥孔》。然而再痛苦还是分开，深爱却放手，因为爱应该是崇高的自由与幸福愉悦。

红宝石独舞 + 群舞

红色的心经由深蓝色海水冲刷渐变成了紫色，上边挂着银白色的泪珠。紫色心的银白色泪珠内部是整个宇宙间美轮美奂的紫白银，"已经完美了"（两种颜色的服装，旋转中红色变为紫白银；舞美展现宇宙星空，意旨闪亮的记忆）。表现红宝石静默忧伤的音乐，选用莫扎特歌剧《后宫诱逃》中唱段《悲伤已成为我的命运》。

红宝石静默忧伤的意境表达

古希腊明媚的美学中表达的逝者。米开朗基罗雕塑《哀悼基督》。逝者外观上没有怒吼折磨黑暗痛苦，只是身边生者柔情地望着 Ta，仿佛 Ta还在周围，还有生命。Ta 不再望着身边的人，目光游离太空，因为 Ta 看不到身边的人了。Ta 的肢体也不是一动不动的，好像只是一时体力不支需要靠着或者被人搀扶。宁愿自己安静地痛苦逝去，深爱却放飞，因为爱应该是崇高的自由与幸福愉悦。

第四幕

舞美：日月星辰斗转星移（舞美象征多年后）。

同一场景，各自独舞各自升华。

蓝宝石

高山、大海、天空的各种蓝色凝聚成蓝宝石。（独舞，各种蓝色旋转成闪亮璀璨的蓝宝石）

红宝石

火焰、火山、太阳的各种红色凝聚成红宝石。（独舞，各种红色旋转

成红宝石光芒四射）

同时各自独舞的音乐转调间停，二人走过来相对却犹如隔着镜子手触碰，镜舞双人舞。

钢琴独奏表现"想触碰又伸回的手"；镜舞双人舞表达磨合融合，最终融合成钻石相拥在一起。红蓝衣饰绸带内侧：深紫—浅紫—白色—银色，最终银白色相间缠绕将两人捆绑相拥在一起。

浅紫色过渡的意境表达

"你未看此花时，此花与汝同归于寂；你来看此花时，则此花颜色一时明白起来。"

"光不在烛上在心中。"

你不在身边在心间，而此心间，非彼心间，不再是心中太平洋的眼泪，你变成了我的太阳。即使看不到你也会一样微笑，因为我会一直有你一直照耀。你的笑容点亮了我的心，我也重新有了这笑容和这光彩。凝聚而收敛，温柔而坚定有力也许才是爱的最佳方式。不要声嘶力竭也不要燃烧烫伤，高山流水般空灵又亲密，又如天空大海般深远深厚而无穷尽。

大型而上流的企业集团赞助艺术，而顶级奢侈品牌创作经典品质的永恒艺术。提炼选取匹配自身灵魂气质的文化与形式，以芭蕾舞剧为载体，原创艺术内容，概念抽象并且艺术化地表达公司理念，国家级舞剧交响乐团与国际钢琴家实力派演出，配以宣传奢侈品牌的营销项目并且将其打造的 IP 进行流行化，以及结合线上与线下的票房渠道。这不也是打造奢侈品牌的宣传方式吗？当然，奢侈品牌都是华丽的实力派，而不仅仅是宣传方式的光鲜亮丽，关于这一点，我司的市场口碑与作品已经做了展示陈述。小小自家案例，抛砖引玉。

综上所述三个案例（包括 Apple 与 NESPRESSO），我们可以看到如何在非奢侈品市场运用奢侈品牌营销策略。与传统营销策略相比，奢侈品牌营销策略究竟有什么特别之处呢？两个主要概念是这特别之处的核心：稀缺性，高品质。

　　传统的营销策略是基于量产丰富，其目标是销售更多的产品或服务，公司能够提供或交付的数量不断增加。它是为一个增长的世界设计的，一个"永远更多"的世界。如果我们使用传统营销策略的逻辑，稀缺会阻碍增长，并产生负面形象。然而，奢侈品战略是以稀缺性为基础的，是积极的，一种珍贵的"稀有"。稀缺性是有疼痛感的，但如果管理得当，稀缺性可以成为一个梦想。

　　另外，传统战略的关键信条是降低成本，这必须通过一切手段实现，包括节约原材料和劳动力成本。这里的关键词是自动化、外包和廉价劳动力的搬迁。而奢侈品战略的关键词是高级材质、特殊工艺和个性化服务。

　　因此，每当你必须管理稀缺性，并且你想保护高品质的人力智力工作及其成果时，你就需要考虑实施奢侈品战略，即使你的业务距离传统奢侈品市场很远。在这种情况下，你需要考虑如何为客户增加高品质高稀缺的价值，如何让你的产品服务成为客户的梦想。这是奢侈品牌策略应用的核心。

爱因斯坦与奢侈品的
持续性发展战略

　　高品质高稀缺的价值，包括定制化的高级工艺与材质，有时会引发另一个问题：如何进行可持续发展？限量的高级，再配上饥渴营销，无疑会引发所有人的渴望与疯狂。可是当顶尖华丽的神秘与稀缺高品质一旦被拥有之后，是否就会造成吸引力的降低？如何让奢侈品被拥有以后依然被珍惜，而不是如陈奕迅的歌词："得不到的永远在骚动，被偏爱的有恃无恐"？

　　除此之外，既然是定制化的手工艺，高稀缺的材质，甚至是唯此一件的灵感之作，如何才能像恒星一样永恒绽放光芒，而不是如同烟花流星，瞬间璀璨到炸裂的绚烂过后就销声匿迹？只能依靠连续不断的灵感火花吗？稀缺材质用完了怎么办？一个顶尖的奢侈品牌，究竟依靠什么成为百年品牌，它到底又是如何进行可持续发展的呢？面对被声讨的资源浪费问题与社会责任，奢侈品牌又该如何平衡处理呢？

质能方程 $E=mc^2$

　　经典的质能方程源于爱因斯坦的狭义相对论，对于物体惯性和它自身能量关系的研究，其著名结论就是物体质量实际上就是它自身能量的量度。为了理解此关系的重要性，我们可以比较一下电磁力和引力。电磁学理论认为，能量包含于与力相关而与电荷无关的场（电场和磁场）中。在万有引力理论中，能量包含于物质本身，因此物质质量能够使时空扭曲。

物体的静止能量是它的总内能，包括分子运动的动能、分子间相互作用的势能、使原子与原子结合在一起的化学能、原子内使原子核和电子结合在一起的电磁能，以及原子核内质子、中子的结合能，等等。物体静止能量的揭示是相对论最重要的推论之一，它指出，静止粒子内部仍然存在着运动。一定质量的粒子具有一定的内部运动能量，反过来，带有一定内部运动能量的粒子就表现出有一定的惯性质量。

在基本粒子转化过程中，有可能把粒子内部蕴藏着的全部静止能量释放出来，变为可以利用的动能。例如，当 π 介子衰变为两个光子时，由于光子的静止质量为零而没有静止能量，所以，π 介子内部蕴藏着的是全部静止能量。

在一个孤立系统内，所有粒子的相对动能与静能之和，在相互作用过程中保持不变，称为质能守恒定律。在相对论里，质能公式描述了质量与能量存在固定关系。在经典力学中，质量和能量之间是相互独立、没有关系的，但在相对论力学中，能量和质量只不过是物体力学性质的两个不同方面而已。在相对论中，质量这一概念的外延就被大大地扩展了。爱因斯坦指出："如果有一物体以辐射形式放出能量 ΔE，那么它的质量就要减少 $\frac{\Delta E}{c^2}$。"爱因斯坦还指出这个结果有着特殊的理论重要性，因为在这个结果中，惯性质量和能量以同一种东西的姿态出现。

如此一来，原来在经典力学中彼此独立的质量守恒和能量守恒定律结合起来，成了统一的"质能守恒定律"，它充分反映了物质和运动的统一性。质能方程说明，质量和能量是不可分割而联系着的。一方面，任何物质系统既可用质量 m 来标志它的数量，也可用能量 E 来标志它的数量；另一方面，一个系统的能量减少时，其质量也相应减少，另一个系统接受而增加了能量时，其质量也相应地增加。

如同质量与能量貌似无关实则紧密相连并且可转化的关系，奢侈品虽然看似与挥霍浪费资源更靠近，与可持续发展完全是两件事，然而实际上奢侈品的本质就是追求永恒，更何况持续长久的发展。同时，本书前文讲述的奢侈品牌的每一个营销项目，都是在品牌原有"质量"基础上新增加的"质量"，从而不断累积"能量"，直到成为穿越百年依然熠熠生辉的奢侈品牌。

奢侈品和可持续发展的理念是如何融合的？真正的奢侈品牌，其本质以及必然性，就是无限接近可持续发展的目标。我们在这本书中已经表明，奢侈不同于时尚只是捕捉快速流行的趋势，奢侈的本质即是穿越时间成为经典。各种营销项目，则是在不同的时间背景下，传递展现奢侈品牌这份永恒经典的美丽。

奢侈品在产品生产层面，与工业生产力背道而驰。工业生产力的目的是最大限度地提高每小时的产量，奢侈品需要花费必要的时间来制造高质量的产品，以此传递长久的高级愉悦的体验。奢侈品销售的是持久的价值，这就是为什么它的产品不仅经典而持久，且从不浪费。香奈儿（CHANEL）的连衣裙，保留多年也不会过时，材质也不会褪色衰败。

看似奢侈品的制造过程挥霍浪费资源，其实，奢侈品牌的目标是尽可能长时间地保留其稀有资源。如果原材料例如稀有宝石、稀有动物皮毛、稀有羊绒等短缺，奢侈品会怎么样？当然，价格会上涨，但生产很快就会变得不可能。

奢侈品牌知道工匠的价值，这个行业依赖于他们。奢侈品在乎高品质，高级工艺的手工定制无疑是一种巅峰的高品质。奢侈品旨在创造一个持久的美丽世界，这也是为什么它如此接近艺术的原因，旨在接近精神的永恒。

借用可可·香奈儿（Coco Chanel）的话来说："当里面和外面一样漂亮的时候才叫奢侈。"内部涉及价值链中无形的部分，包括原材料采购、面料采购、设计、制造、物流、零售、管理决策、人力资源管理、服务等。真正的奢侈品与奢侈品牌是内外综合的高品质，旨在永恒的美丽。

在设计—生产—营销—渠道—销售的各个环节里，奢侈品牌每一个看似"浪费"时间、人力、物力、财力的巨资行为，都是为奢侈品牌增加爱因斯坦质能方程中的"质量"，以累积更多的品牌"能量"。随时间日积月累的如此高昂的能量，带领奢侈品牌穿越时间，无限靠近永恒。

柯布·道格拉斯经济增长模型（Cobb Douglas Model）

经济学中，柯布·道格拉斯生产函数是重要的经济增长模型：$Y=A(t)L^{\alpha}K^{\beta}\mu$。公式中：$Y$ 是工业总产值；$A(t)$ 是综合技术水平；L 是投入的劳动力数（单位：万人或人）；K 是投入的资本，一般指固定资产净值（单位：亿元或万元。但必须与劳动力数的单位相对应，如劳动力用万人作单位，固定资产净值就用亿元作单位）；α 是劳动力产出的弹性系数；β 是资本产出的弹性系数；μ 表示随机干扰的影响，$\mu \leqslant 1$。

从这个模型看出，决定工业系统发展水平的主要因素是投入的劳动力数、固定资产和综合技术水平（包括经营管理水平、劳动力素质、引进先进技术等）。根据 α 和 β 的组合情况，它有三种类型：

◎ $\alpha+\beta>1$，规模报酬递增，表明按照现有技术，用扩大生产规模来增加产出有利。

◎ $\alpha+\beta<1$，规模报酬递减，表明按照现有技术，用扩大生产规模来增加产出得不偿失。

◎ $\alpha+\beta=1$，规模报酬不变，表明生产效率并不会随着生产规模的扩大而提高，只有提高技术水平，才会提高经济效益。

在一段时间之内，综合技术水平几乎是不变的。由此笔者得出结论，真正决定长期经济发展的，不是任何战术上的具体项目，而是资源（引申公式中的投资与固定资产）与禀赋（引申公式中的劳动力为人力与智力创造力，甚至天赋灵感）。而说到资源与禀赋，奢侈品与奢侈品牌可谓占尽优势，又如何发愁长期发展呢？再说综合技术，奢侈品牌引领时代趋势，当然关注科技趋势与创新发展。三方面的叠加融合，奢侈品牌无法可持续发展地增加营收是不可能的，那只会是因为战术层面项目的失误。

社会资源与社会责任中的可持续发展

奢侈品牌追求经典永恒，品牌借助美学设计与本书的营销策略得以可持续发展。通过对比柯布·道格拉斯的经济增长模型，以及本书的商业发展策略，奢侈品牌公司得以长期可持续发展。除了品牌力与财政营收，在社会责任与社会资源方面，奢侈品牌又该如何平衡自身与环境进行可持续发展呢？

毫无疑问，在大多数人没有饮用水或水不够的国家里，高尔夫球场的增加令人反感。塔希提群岛的豪华私人岛屿和度假村也是如此，当地渔民被要求到其他地方捕鱼。奢侈品在社会中的可持续发展对整个价值链都有影响，无论从环境方面，还是经济或伦理方面。事实上，从采掘到制造、运输、零售和废物再利用管理，整个过程都可以为可持续发展提供重要进展。

De Beers 矿工在南非的工作条件经常受到批评，金矿矿工的情况也是如此，通常是在生活水平不同、没有社会法律或即使有法律也很少执行的不发达国家。在这方面，奢侈品牌其实可以作为一个榜样。蒂芙尼（TIFFANY&CO）只与遵守《金伯利进程法》（*Kimberly Process Act*）的国家进行贸易，从而消除了战争地区的钻石交易。同样，蒂芙尼（TIFFANY&CO）也是阿拉斯加原住民权利的早期捍卫者，以阻止那里的矿产被开发，他们签署了《布里斯托尔湾保护承诺》（*Bristol Bay Protection Pledge*）。

在生产和分销全球化的时代，运输产生了高二氧化碳印痕。这就是为什么路易威登（LOUIS VUITTON）使用船只将其 60% 的法国产品运往远东地区。另外许多公司则通过赞助保护热带雨林或濒危物种的行动来弥补他们的二氧化碳负平衡。

卡地亚于 2020 年在日内瓦发起卡地亚自然保护项目（Cartier for Nature），致力于保护生物多样性和生态系统健康。该项目聚焦于全球范围内生物多样性高度丰富的地区，目前已为全球十多个以科学为基础、以影响力为驱动的组织提供支持。2022 年 10 月 23 日，卡地亚自然保护项目（Cartier for Nature）与中国绿化基金会携手合作，支持开展雪豹保护项目。

雪豹主要分布于亚洲中部高山地区，是高山生态系统的旗舰物种。作为顶级捕食者，雪豹是衡量高山生态系统平衡状况及气候变化影响的重要标志。《世界自然保护联盟（IUCN）濒危物种红色名录》将其列为易危物种。根据粗略估计，全世界现存雪豹数量仅为 4000 ～ 7000 只，其中 50% ～ 62% 的野生个体和约 65% 的雪豹栖息地分布在中国境内。卡地亚自然保护项目（Cartier for Nature）与中国绿化基金会合作，加强三江源国家公园雪豹及其栖息地的保护。三江源地处青藏高原腹地，保存有大面积相对完整的雪豹栖息地，是中国乃至全球雪豹分布最集中、种群密度最高的地区之一，也是生物多样性保护敏感地区之一。

社会性的可持续发展暗示资源的稀少，奢侈品策略暗示珍贵价值的稀有。在某种意义上，也是用积极的方式诠释"稀少"，并最大化地将其通过人类的智慧创造力转化成珍贵华美的价值。奢侈品策略与社会资源可持续发展并不冲突，只要品牌有意愿将其纳入发展策略。

你和这一切的关联在哪里？

从工业时代进入智能时代，同时面对消费升级的大趋势，中产阶级人群能否进入渴望已久的高净值市场娱乐与生活方式？面向中产阶级市场的商业机构能否提升品牌力，从普通大众商品升级为轻奢商品？无论是中产阶级个人群体还是商业品牌，所渴望的自我升级与品牌升级，从物质到精神世界，如何优雅地进行全面升级？其实都可以借鉴奢侈品牌的商业思维完成升级，而不仅仅是满足好奇心的一探究竟而已。

另一方面，对于面向富裕阶层市场的商业机构来说，随着时代的发展、高科技的进步、以及富裕阶层本身珍惜时间的特性，高端消费行业与高净值人群的互动模式、消费体验、消费速度以及消费范围也都会随之动态迭代，而这一系列的变化，必将对其营销模式变革造成直接的影响。智能大数据、线上应用线下体验、场景服务、体验式的数字营销，以及高效安全又提高资金利用率的交易模式势必成为新的商客互动模式。如何将艺术梦想与商业科技服务相融合？奢侈品牌的市场营销每一方面应该如何具体运作？又或者，如何把本土高端商业品牌打造成为一个奢侈品牌？相信本书与你们的关联更深。

然而，除了商业市场层面的借鉴应用之外，笔者想说，其实我们每个人都可以借鉴奢侈品牌的商业思维，将自己的人生进行升级。

还是以第一章中"奢侈与高级"里的图 2 为说明。奢侈品是华丽的实力派，奢侈品级别的人生自然也是华丽的实力派。当然，从出生到生命终点都是奢侈级别的人生我们暂且不谈，如果不能一步到位，那么你是先追求艺术性的华丽，还是先追求商业或者高级智能的实力呢？哪个顺序更容易靠近"奢侈（Luxury）"呢？

比如高考的选择，有的人选择"高级（Premium）"策略，在"高级（Premium）"的范围内靠近"时尚（Fashion）"：努力高考进入清华美院或者北大学编导，然后一路名校名企；有的人则是热爱艺术先去中央美院或者电影学院，先把"时尚（Fashion）"做到极致，然后第二阶段再把"高级（Premium）"做到极致，比如研究生学金融或从事商业取得成功，二者相加整合成"奢侈（Luxury）"。你怎么选呢？

比如对工作的选择，体面华丽又多金又多时间是天赋加努力加选择的"奢侈（Luxury）"结果。众所周知，在刚开始上班的时候，资源好的公司金钱少，金钱多的公司顶级资源少。先进入资源好的公司，然后资源变现，即从"时尚（Fashion）"到"奢侈（Luxury）"；还是先进入金钱多的公司，然后花钱买资源，即从"高级（Premium）"到"奢侈（Luxury）"，你选择从哪里起步去靠近"奢侈（Luxury）"呢？

同理对事业的选择，自我实现的同时又感觉内心幸福，是"奢侈（Luxury）"的状态。如果把呕心沥血精心打磨完成内心满意的作品比作是"时尚（Fashion）"的状态，把满足市场需求、获得世俗层面的成功比作是"高级（Premium）"的状态，你打算如何将二者相结合，最终实现理想中的"奢侈（Luxury）"呢？

再比如对配偶的选择，是选择真爱无敌的从"时尚（Fashion）"到"奢侈（Luxury）"，抱紧爱情地"兵来将挡水来土掩"，一起努力工作赚面包？还是选择门当户对或者高价值面包的从"高级（Premium）"到"奢侈（Luxury）"，通过培养爱情，或者学着习惯，或者将合适当作是满意？哪一种选择更容易成为"奢侈（Luxury）"的内心幸福呢？

还有对自身修为的选择，如果"外王内圣"是"奢侈（Luxury）"代表的状态，精神世界中的品位学识修养格调甚至琴棋书画样样精通是"时尚（Fashion）"代表的状态即"内圣"，物质世界中的名利地位是"高级（Premium）"代表的状态即"外王"，你又打算以何种顺序、方式与姿态达到"奢侈（Luxury）"的状态呢？

无论哪一种顺序的策略选择，如果初衷是"奢侈（Luxury）"，加上坚强与智慧，最终不管多么艰苦都会将"时尚（Fashion）"和"高级（Premium）"相融合一，开始"奢侈（Luxury）"的起点。停留在"时尚（Fashion）"或者"高级（Premium）"，那或者是初心不在"奢侈（Luxury）"，或者是还没有累积到量变质变的突破口，或者严重缺少另一种，我们全都暂不讨论。

当我们开始了奢侈（Luxury）人生的起点，就可以借助奢侈品思维，走向经典永恒的幸福之路了。途中当然会有艰难险阻，就像每一个奢侈品牌也不一定拥有绝对的财务上的成功，最终还有可能被收购。如"奢侈品牌商业发展模型"章节所述，即便是奢侈品牌，不同行业的发展方式也不同，更何况是我们的奢侈（Luxury）人生的发展道路。但是，至少我们在奢侈（Luxury）的道路上。

最重要的，无论你现在身处何种状态，或者甚至还没开始真正的人生，请永远不要忘记，你其实也可以是"奢侈（Luxury）"，拥有一个奢侈品级别的人生。只要你足够愿意。

尾声

为什么我们选择
紫色和银白色的光？

　　熟知爱斯睿营销管理咨询公司的各位亲朋好友也许会留意到，不仅仅是这本书的封面设计，我们的所有 VI 均为紫色与银白色，结合公司的名字 A.S.RAY（Atelier Sparkling Ray, 寓意"高级定制一束闪耀的光芒"），也许大家会疑惑，通常光的颜色不都是橙黄色吗？通常公司的主色不都是蓝色吗？在我们眼中，蓝橙固然漂亮，又是相互为互补色，某种程度上也象征着地球、海洋上的太阳光。然而紫色，晕开后夹杂宝蓝与深粉的紫色，却象征宇宙中那神秘高贵冷艳的无穷尽能量。闪亮的银白色，恰如宇宙中凝聚全部能量的一束美轮美奂的光。

　　紫色何以代表宇宙的能量？紫色，贵族的颜色。在拜占庭时代，来自王族嫡系的皇帝会将"紫生"（Born to the Purple）一字加于自己的称号，表明自己的正统出身，以别于靠其他手段获得王位的君主。中文中的紫禁城，还有紫气东来的成语更是不言而喻。紫色亦是宗教的颜色，在基督教中，紫色代表至高无上和来自圣灵的力量，王权重叠宗教，紫色自然是无穷宇宙能量代表颜色的不二之选。

　　紫色通常的象征意义还包括优雅高贵、神秘冷艳、圣洁孤高、深邃浪漫、致命魅力，等等。如果说粉色是一抹甜甜微笑，紫色便是让人难忘的深情又深邃的眼神。除此以外，我本人最爱紫色还因为它象征永恒挚爱，比如紫色郁金香花语：忠贞的永恒无尽的且不可磨灭的此生最爱。为什么它的花语更甚红玫瑰？我想，就如同紫色为红色和蓝色融合而成，深刻的挚爱亦是沉淀融合热情欢笑与悲伤泪水，而之后依然隽永不变。

我相信真爱与信仰是宇宙能量的源泉。爱斯睿的力量源泉也不是努力勤奋，而是热爱。我热爱这个行业之前热爱各种艺术，而商业的方式却可以将心中美轮美奂且永无止境的艺术境地带入现实，奢侈品营销因为它高度凝练的艺术性成为我自身理想与现实连接的最佳桥梁。经常有人惊奇公司的内部标语："STAY YOUNG, STAY FABULOUS"从何而生？它旨在唤醒内心能量去热爱生命。当内心完全释放热爱的力量，每个人都以其各异的方式成为一个金色伟大的人，所有的时刻亦都是金色伟大的时光。

另一方面，人的眼睛可以看到某一范围内的频率，例如当振动频率在 $500 \sim 536$ 兆赫之间时，眼睛会看到黄色，可以分辨红橙黄绿青蓝紫，紫色是人眼所能看到的颜色的极限。当然，紫色之上还有振动频率更高的紫外线，红色之下还有振动频率更低的红外线，此处不加以赘述。同时，对比大卫·霍金斯的能量级别理论，人的不同思想意识和情绪对应的能量级不同，其对应的卡尔良（Kirlian）相机拍摄的人体光晕（无形能量场）的颜色亦不同，而紫色是能量级最高的能量场颜色。

扩展至天文物理，恒星光谱中的哈佛分类法显示，恒星质量越大，其数量越小，其温度越高，亮度越强。由丹麦天文学家赫茨普龙及由美国天文学家罗素分别于 1911 年和 1913 年各自独立提出理论后共同命名的赫罗图将恒星按温度从高至低依次排序为 O、B、A、F、G、K、M 等类型，其散发的光颜色依次为宝蓝色、蓝白色、白色、淡黄白色、黄橙色、红橙色，即最高温度、最强亮度、最大质量的恒星散发的光颜色为宝石蓝。之所以基本没有可能发出紫色的光，是因为可以有能力发紫光的恒星会在第一时间变为黑洞。而这，再次验证了紫色的高级与能量极限的象征。

至于白光，不必多说，它凝练极致，又是吸收了所有颜色的光而形成，既是巨大能量又作为极简主义的升华代表色。综上所述，我们愿演绎一束凝聚全宇宙能量的美轮美奂的光，同你们一起。

最后，再次感谢各位朋友与读者的赏识与支持，愿本书的一点点薄见能给予各位跨界融合升华思维的一点点启发。

Anjeline Sun

A.S.Ray Management Consultancy Co., Ltd
A.S.Ray Intelligence Co.,Ltd
www.asraymc.com

图书在版编目（CIP）数据

奢侈品思维：爱斯睿，艺术化的宇宙观 / 孙莹著 -- 上海：
上海三联书店，2023.5

ISBN 978-7-5426-8032-7

Ⅰ.①奢… Ⅱ.①孙… Ⅲ.①消费品－研究 Ⅳ.①F76

中国国家版本馆CIP数据核字（2023）第037889号

奢侈品思维：爱斯睿，艺术化的宇宙观

著　者／孙　莹
责任编辑／陈马东方月
书籍设计／0214_Studio
监　制／姚　军
责任校对／周燕儿

出版发行／上海三联书店
　　　　　（200030）中国上海市漕溪北路 331 号 A 座 6 楼
邮　箱／sdxsanlian@sina.com
邮购电话／021-22895540
印　刷／上海南朝印刷有限公司

版　次／2023 年 5 月第 1 版
印　次／2023 年 5 月第 1 次印刷
开　本／787×1092mm　1/16
字　数／130 千字
印　张／17
书　号／ISBN 978-7-5426-8032-7/F・886
定　价／118.00 元

敬启读者，如发现本书有印装质量问题，请与印刷厂联系 021 - 62213990